Annemarie Pieper

GUT UND BÖSE

Verlag C.H.Beck

Die erste Auflage dieses Buches erschien 1997.

2. Auflage. 2002
Originalausgabe

© Verlag C.H. Beck oHG, München 1997
Gesamtherstellung: Druckerei C.H. Beck, Nördlingen
Umschlagentwurf: Uwe Göbel, München
Printed in Germany
ISBN 3 406 41877 5

www.beck.de

Inhalt

Einleitung

Das Böse hat Karriere gemacht, denn das Böse fasziniert – schwarze Messen und Satanskult sind in –, während das Gute aufgrund seiner Unauffälligkeit und Selbstverständlichkeit fast schon den Anstrich des Langweiligen hat. Wenn einer als ein guter Mensch bezeichnet wird, so rückt man ihn in die Nähe eines Heiligen, nicht ohne die unausgesprochene Vermutung, der Betreffende müsse etwas weltfremd, wenn nicht gar ein Tor sein. Und immer bleibt der Verdacht, daß sich hinter dem Guten sein Gegenteil verbirgt, nämlich das Böse, das sich in einer seiner unzähligen Varianten des Guten als Maske bedient, um desto erfolgreicher an der Karriere des Bösen zu arbeiten. Die Beispiele für Menschen, die ein scheinbar solides, anständiges Leben führen und dann eines Tages als Verbrecher entlarvt werden, sind nicht eben selten.

Anders verhält es sich in Bert Brechts Stück *Der gute Mensch von Sezuan*. Shen Te, die Hauptfigur, muß sich in Gestalt ihres Vetters Shui Ta der Maske des Bösen bedienen, um ihre guten Werke fortsetzen zu können. Aus Liebe zu den Mitmenschen sieht sie sich von Zeit zu Zeit genötigt, in die Rolle des geldgierigen, halsabschneiderischen Bösewichts zu schlüpfen, da sie sonst außerstande wäre, die Mittel aufzubringen, um den Bedürftigen zu helfen. Die Literatur kennt eine Reihe solcher Helden, die sich um des Guten willen als edler Rächer oder als Anwalt der Unterdrückten betätigen und dabei den Einsatz schlimmer Mittel nicht scheuen: angefangen von Robin Hood bis hin zu Batman und Zorro. Aber sie bleiben als die Guten erkennbar, deren Untaten im Namen der Gerechtigkeit in einer durch und durch korrupten Welt begangen werden.

Vielleicht bedurfte sogar Gott des Teufels als Maske, um seine Güte wirksam werden zu lassen, wenn Güte ohne den Kontrast des Bösen für Menschen nicht erfahrbar ist. Der Teufel wäre dann wie Shen Tes Vetter keine eigenständige Person neben Gott, sondern dieser selbst, sofern er den Menschen realitätsnah gegenübertritt, um sie durch die Versuchung zum Bösen auf die Unübertrefflichkeit des Guten als das unbedingt Vorzuziehende aufmerksam zu machen. Das wäre freilich ein ganz und gar unchristlicher Gedanke: ein Geist, der stets das Gute will und stets das Böse schafft. Andererseits würde damit die an sich unbefriedigende Sündenfall-Theorie, die alle Schuld den Menschen zuweist, dahingehend ergänzt, daß Gott für die Endlichkeit der Welt und das Böse in ihr mitverantwortlich ist.

Wenn das Gute als leuchtendes Vorbild dient, ohne zu faszinieren, ist zu fragen, woher das Böse seine Faszinationskraft bezieht. Ist es die Abenteuerlust, die Gefahr, die Menschen dazu verlockt, sich auf das Böse einzulassen? Oder sind es Machtbedürfnisse der extremen Art, die im geordneten sozialen Kontext kein Betätigungsfeld finden, wie es bei den Gegenspielern von James Bond der Fall ist, die als „Dr. No" immer wieder von neuem auferstehen, um ein gewaltiges Vernichtungspotential aufzubauen, mit dessen Hilfe sie die Welt ihrer Herrschaft unterwerfen wollen?

Anscheinend entsteht das Böse in Verbindung mit einem maßlosen Wollen, das im Wollen des Guten keine Befriedigung findet, nicht weil das Tun des Guten unspektakulär ist, sondern weil es sich Regeln verpflichtet weiß, die gemeinschaftsbildend sind und für jeden einzelnen unangesehen seiner individuellen Besonderheit gelten. Wer das Böse will, will etwas Einzigartiges, Unverwechselbares sein, ein radikaler Individualist, der Umwelt und Mitmenschen als Experimentierfeld für seine ausgefallenen Interessen und Neigungen benutzt, ohne sich auch nur einen Deut um das Wohlergehen der von ihm Manipulierten zu scheren.

Das andere Extrem zu diesem genialischen Aspekt, der am Bösen fasziniert, ist das, was Hannah Arendt die Banalität des Bösen genannt hat. Adolf Eichmann, dessen Prozeß sie in Jerusalem verfolgte, entpuppte sich nicht als das sadistische Monstrum, das man mit einem Judenvernichter schlimmsten Ausmaßes assoziierte. Das Erschreckende dieser Person lag in ihrer Mittelmäßigkeit, gepaart mit einer Spießigkeit, die an

Dummheit grenzt. Fehlendes Einsichtsvermögen bedingt ein mangelndes Unrechtsbewußtsein. Wer die Interaktionsstruktur als ein hierarchisches Gefüge und sich selbst nur als Befehlsempfänger sieht, für den beschränken sich Pflichterfüllung und Verantwortung auf effiziente, ja optimale Ausführung des ‚von oben' Angeordneten, ohne daß er sich eigenständig Gedanken über die Vernünftigkeit oder Moralität des von ihm Verlangten macht. Der durch ein solches Machtgefälle erzeugte Druck auf die jeweils Rangniedrigeren instrumentalisiert diese und befreit sie aus ihrer Sicht zugleich von der Rechtfertigungspflicht für die Zwecke, die andere ihren Handlungen vorgeben. Hitlers „willige Vollstrecker" (Goldhagen) leisteten sich nicht den Luxus eines eigenen Willens; in der Beengtheit ihres Untertanengeistes war für autonomes Denken und Handeln kein Raum. Aber die Banalität des Bösen ist nicht Folge eines unabwendbaren Schicksals, sondern einer „selbst verschuldeten Unmündigkeit" (Kant) und daher justiziabel. Wer sich als willfährig erweist, hat sich instrumentalisieren *lassen* und damit bewußt auf das ihm zustehende Recht, sich selbst ein Urteil zu bilden, verzichtet.

Wieder anders verhält es sich mit jenen, die an der Spitze einer Hierarchie stehen und ihre Macht zur Durchsetzung des Bösen mißbrauchen. Die Verteufelung Hitlers aus heutiger Sicht steht in krassem Gegensatz zu seiner Vergötterung durch die Massen in den Zeiten des Nationalsozialismus. Man wollte ihn als den Heilsbringer sehen und nahm die Unmenschlichkeit der Judenverfolgung entweder billigend in Kauf oder verschloß die Augen davor. Ob es dem Verständnis nützt, Hitler für paranoid zu erklären oder seinen Charakter auf physische und psychische Abnormitäten zurückzuführen, scheint mehr als fraglich. Alle Versuche, bei Verbrechern Anomalien des Gehirns oder defekte Gene nachzuweisen, sind letztlich ein Indiz für die Hilflosigkeit, mit welcher wir auf Verhaltensweisen reagieren, die kollektive Werte und Normen, selbst die fundamentalen Menschenrechte verhöhnen. Daß jemand in vollem Bewußtsein des Bösen sich für das Böse entscheidet, übersteigt unser Vorstellungsvermögen. Andererseits zeigt die anhaltende Konjunktur der Kriminalromane und Krimiserien im Fernsehen, daß es Formen des Bösen gibt, die wir – auf dem Papier oder Bildschirm – genießen. Verbrechen sollen sich zwar nicht lohnen, aber je raffinierter einer das Geschäft des Tötens ausübt, desto angenehmer der Gruseleffekt und die mit Bewunderung gemischte Empörung über perfekt geplante Morde und die mehr oder weniger kunstvolle Verwischung der Spuren nach vollbrachter Tat.

Das Spektrum des Bösen hat viele Facetten ...

I. Gut und Böse in der Alltagssprache

Es fällt auf, daß wir in unseren alltagssprachlichen Urteilen über Menschen und Handlungen das Wort *böse* selten verwenden. Stattdessen sagen wir lieber, X habe *falsch* gehandelt, oder schreiben Z einen *schlechten* Charakter zu. Damit wird die negative Aussage abgeschwächt, denn eine falsche Handlung kann die Folge eines Irrtums, ein schlechter Charakter besserungsfähig sein. Die Bezeichnung einer Handlung oder eines Menschen als böse hingegen hat etwas Endgültiges, weil damit zum Ausdruck gebracht wird, daß der Täter wissentlich und willentlich so gehandelt hat, wie er gehandelt hat, und man ihm daher unterstellen muß, er habe das Nichtgute als solches gewollt. Diese Unterstellung scheint jedoch so extrem zu sein, daß wir uns scheuen, ein so hartes Urteil über jemanden zu fällen, und nach Ereignissen in der Biographie des Betreffenden oder unglücklichen Umständen Ausschau halten, die sein Verhalten, so schlimm es auch sein mag, wenn nicht entschuldigen, so doch verstehbar machen.

Hinsichtlich der Verwendung des Wortes *gut* haben wir weniger Skrupel. Ganz im Gegenteil kann man ihm einen fast inflationären Gebrauch bescheinigen, insofern es das Wertwort schlechthin ist, das eine positive Eigenschaft von Menschen, Handlungen und Gegenständen ausdrückt – auch dann, wenn der als gut bezeichnete Mensch, die Handlung, der Gegenstand an sich selber negativ bestimmt ist: Ein guter Dieb zeichnet sich innerhalb der Zunft der Diebe aufgrund seiner Fingerfertigkeit und Geschicklichkeit in der Aneignung fremden Eigentums vor den anderen aus. Eine gute Lüge ist dadurch qualifiziert, daß sie andere erfolgreich zu täuschen vermag. Ein gutes Mordinstrument ist daran kenntlich, daß es für die Tötung von Menschen bestens geeignet ist.

Diese Beispiele zeigen, daß wir das Wort *gut* sowohl beschreibend als auch wertend verwenden, je nachdem, ob wir es in einem Urteil dem Subjekt des Satzes als Prädikat zusprechen, weil es den Gütestandards entspricht, die für die Klasse von Dingen, zu denen es gehört, festgelegt wurden – unabhängig davon, welchen Wert wir dieser Klasse von Dingen an sich selber beimessen –, oder ob wir das Subjekt des Satzes an sich selber als gut qualifizieren, weil es zu einer Klasse von Dingen gehört, denen wir einen Wert beimessen – unabhängig davon, ob dieser Wert im Einzelfall realisiert wird oder nicht. Gute Diebe, Lügen und Mordwerkzeuge betrachten wir nicht als wertvoll, wie perfekt auch immer sie den für sie festgesetzten Gütestandards entsprechen mögen. Ärzte, Hilfeleistungen und Nahrungsmittel hingegen zählen wir zu den wertvollen Dingen, die wir als gut erachten, selbst wenn ein Arzt eine Fehldiagnose stellt, eine Hilfeleistung scheitert, ein bestimmtes Nahrungsmittel eine Allergie auslöst.

Gleichsam quer zu der Unterscheidung zwischen beschreibender und wertender Verwendung des Wortes *gut* steht die Unterscheidung zwischen *gut an sich selbst* und *gut als Mittel* zu etwas anderem. Eine Tätigkeit, die um ihrer selbst willen ausgeübt wird, ist für den Betreffenden ein Selbstzweck und daher in sich gut: musizieren, spazierengehen, sinnliche Genüsse, rätsellösen, andere beglücken, wissenschaftliche Forschung. Im instrumentellen Sinn ist etwas für sich betrachtet Wertneutrales gut, wenn es dazu dient, etwas in sich Gutes zu bewirken oder zu verwirklichen. So ist Fingerhut für sich betrachtet nichts Gutes; doch als Medikament dient er zur Wiederherstellung der Gesundheit, die ein Gut an sich ist. Auch die Aneignung von Wörtern einer ‚toten‘ Sprache ist für sich selber betrachtet nichts Gutes, sehr wohl aber die dadurch erworbene Fähigkeit, Texte alter Kulturen zu verstehen und zu interpretieren. Gleichwohl ist nicht alles, was um seiner selbst willen getan wird, *schlechthin gut,* ebensowenig wie das instrumentell Gute durch die Erreichung des Zwecks einen Wert erlangt. Wer aus Freude am Betrug seine Mitmenschen um des Betrügens willen betrügt, faßt zwar den Betrug als Wert an sich auf, kann ihn aber nicht als schlechthin gut ausgeben, weil seine Freude dann rasch ein Ende fände, denn erfolgreich betrügen kann man nur, wenn die meisten Betrug als Unwert deklarieren. In einer Gesellschaft von betrogenen Betrügern zu betrügen macht keinen Spaß mehr. Und daß ein Mittel nur so gut ist wie sein Zweck, ist eine Binsenweisheit. Arsen ist gut zum Heilen und zum Töten; mit einem Küchenmesser kann man Kartoffeln schälen und Menschen verletzen.

Der Zweck heiligt die Mittel – so wird im Volksmund oft behauptet. Aber erlaubt ein noch so guter Zweck, daß man ihn mit unlauteren Strategien zu erreichen trachtet, wenn andere Mittel versagen? Ist für einen guten Zweck jedes Mittel recht, auch das böse? Wird nicht letztlich der Zweck korrumpiert, wenn er nur mit List und Tücke, möglicherweise gar gewaltsam durchgesetzt werden kann? Wie prekär die Abwägung im Konfliktfall sein kann, zeigt Albert Camus in seinem Drama *Die Gerechten*. Eine Gruppe russischer Revolutionäre hat beschlossen, den mit totalitärer Gewalt herrschenden Großfürsten zu töten, um gerechte Zustände herbeizuführen. Sie wollen töten, um eine Welt zu schaffen, in der niemand mehr töten wird. Der erste Anschlag kommt nicht zustande, weil der Attentäter in dem Augenblick, als er die Bombe werfen will, sieht, daß sich der Großfürst in Begleitung von zwei Kindern befindet. Beim zweiten Mal ist er erfolgreich, wird gefaßt und zum Tode verurteilt. Er akzeptiert das Todesurteil, um zu signalisieren, daß nicht einmal im Extremfall, wenn Freiheit und Gerechtigkeit eines Volkes auf dem Spiel stehen, der Zweck die Mittel rechtfertigt, geschweige denn *heiligt*. Der Einsatz böser Mittel um des Guten willen ist nur ausnahmsweise, als *ultima ratio* zulässig: unter der Bedingung, daß der so Handelnde seine Tat nicht durch Bezugnahme auf den Zweck aufwertet und als etwas Gutes hinstellt – eine Tötung bleibt auch in Notwehrsituationen eine schlechterdings negative Handlung, da sie einen Menschen, wie verwerflich er auch sein mag, das Leben kostet –, sondern darauf beharrt, daß sie zur Klasse der unbedingt zu unterlassenden Handlungen gehört, und bereit ist, die Konsequenzen für sein Tun zu tragen.

Daß umgekehrt auch die Mittel den Zweck nicht heiligen, liegt auf der Hand, obwohl der Nachweis, daß jemand mit guten Handlungen einen bösen Zweck verfolgt, in der Regel schwer zu führen ist. Seine bösen Absichten hinter guten Taten zu verstecken, setzt schon ein beträchtliches schauspielerisches Talent voraus. Aber die Verstellungskunst beherrschen wir alle bis zu einem gewissen Grad, denn wer möchte schon gern als der Egoist entlarvt werden, der er eigentlich ist. Es schadet dem Image, wenn sich herausstellt, daß man nur an sich selbst interessiert ist; daher gilt es, dies so gut wie möglich zu kaschieren, indem man unter dem Anschein der Uneigennützigkeit kollektive Interessen zum Vorwand nimmt, um desto besser auf das Eigenwohl hinzuarbeiten. So mancher großzügige Mäzen oder freigebige Sponsor hat es erfolgreich verstanden, durch Unterstützung kultureller Anliegen davon abzulenken, daß sein letztes und höchstes Ziel die Mehrung seines Reichtums oder die Profitsteigerung seiner Firma ist. Was diese an sich ja keineswegs als böse einzustufende Absicht bedenklich macht, ist die Scheinheiligkeit, mit welcher vom Management in der Industrie manchmal die Kosten z. B. einer rationellen Betriebsführung (Umweltverschmutzung, Verlust von Arbeitsplätzen etc.) verharmlost und auf die Bevölkerung abgeschoben werden, die staunend immense Gewinnsteigerungen vermerkt und gleichzeitig zur Kenntnis nehmen muß, daß diese steuerlich kaum zu Buche schlagen. Ein einleuchtendes Beispiel für die Verfolgung böser Absichten mit guten Mitteln findet sich bei Aristoteles, der meint, ein Tyrann, der seine Begierde nach unermeßlicher Macht möglichst lange befriedigen möchte, wäre am besten beraten, wenn er sie unter dem Deckmantel eines guten, um das Wohl seiner Untertanen überaus besorgten Herrschers verfolgen würde (vgl. *Politik:* V, 10–11). Während Mephisto als Repräsentant jener Kraft, die stets das Böse will und stets das Gute schafft, die erfolglose Umsetzung seiner bösen Absichten, die paradoxerweise ihr absolutes Gegenteil bewirken, als unfreiwillig beklagt, will der Aristotelische Tyrann ausdrücklich das Gute, das er als Mittel für seine sich ins Immense steigernden Machtgelüste bewußt einsetzt. Je mehr Gutes, desto größer sein boshafter Selbstgenuß, der nur einer einzigen Beschränkung unterliegt: Er darf als solcher nicht offenbar werden.

Gut und Böse gehören in einem engeren Sinn zum Sprachspiel der Moral. Ein guter Mensch ist ein solcher, der sich in seinen praktischen Überlegungen und Handlungen von moralischen Wertvorstellungen leiten läßt, denen in unserer Kultur traditionell ein hoher Stellenwert zukommt: Freiheit, Selbstbestimmung, Gerechtigkeit, Menschenwürde, psychische und physische Integrität sind Grundwerte eines demokratischen Selbstverständnisses, die als unverletzlich gelten und das moralische wie rechtliche Fundament menschlicher Gemeinschaft bilden. Eine Menschenhorde, die das Recht des Stärkeren praktiziert und damit das Gewaltprinzip favorisiert, ist untermenschlich und weniger als ein Tierrudel, das aufgrund seiner Instinktgebundenheit die Gesetze seiner Natur nicht zu überschreiten vermag, wohingegen der Mensch imstande ist, sich über das Diktat seiner Vernunft hinwegzusetzen, um seine Ziele mit schierem Terror gegen das Kollektiv durchzusetzen. Gut und Böse stecken in ihrer moralischen Bedeutung den Horizont ab, vor dem eine Interaktionsgemeinschaft ihr Selbstverständnis als ein humanes zur Geltung bringt, indem sie die Rechte und Pflichten gleichberechtigter Individuen in Form von Normen artikuliert, deren handlungsregulierende Kraft auf ein theologisch oder ethisch verbürgtes Sittengesetz zurückgeführt wird. Verstöße gegen diese Normen werden mit moralischen und rechtlichen Sanktionen belegt, die von Mißbilligung und Tadel bis hin zu Geldbußen und Freiheitsentzug reichen.

Im Unterschied zu *gut* und *böse* als Prädikaten, die eine Charaktereigenschaft oder eine Handlungsqualität bezeichnen, verweisen die Ausdrücke *das Gute* oder *etwas Gutes* (bzw. *das Böse/etwas Böses*) in ihrer alltagssprachlichen Verwendung auf Vorstellungen umfassender Wert- und Sinnhaftigkeit (bzw. deren Perversion), wobei die inhaltliche Konkretisierung dieser Vorstellungen individuell verschieden ist. Das Gute als Inbegriff alles Wünschenswerten figuriert auf einer Skala, die von einem Leben in Saus und Braus bis hin zu einer friedlich verkehrenden Weltgesellschaft eine große Anzahl von Lebensformen verzeichnet, die als begehrenswert erscheinen.

Mit *etwas Gutes* ist dann eine Teilmenge dieses gesamthaft Guten gemeint: Ansehen, Ruhm, Reichtum, Tüchtigkeit, Klugheit, Mitleid, Toleranz, Solidarität, Multikulturalität. Die bunte Vielfalt der Vorstellungen vom Guten ist das Spiegelbild pluralistischer Interessen, deren kleinster gemeinsamer Nenner der Wert der Freiheit ist. Dieser Grundwert gestattet es jedem Individuum, nach seiner Façon selig zu werden, vorausgesetzt, es verletzt dabei nicht die Freiheitsrechte anderer und ist grundsätzlich bereit, in Interessenskonflikten für deren einvernehmliche Lösung Sorge zu tragen.

Diese Voraussetzung wird durch *das Böse* sabotiert. Das Böse ist mehr als *das Gute, das man läßt* (Wilhelm Busch), denn die Unterlassung des Guten kann aus Schwäche oder Bequemlichkeit erfolgen, doch zum Bösen gehört, daß ausdrücklich und mit Nachdruck das Widergute an die Stelle des Guten gesetzt wird, das Gute also nicht nur verhindert, sondern in sein kontradiktorisches Gegenteil verkehrt wird. Dies geschieht, wenn der Grundwert der Freiheit für alle durch den der Unfreiheit für die meisten ersetzt wird. In der Folge dokumentieren sämtliche Formen von Unterdrückung, Grausamkeit, Verbrechen gegen die Menschlichkeit *etwas Böses*. Dieses Böse wird im allgemeinen personifiziert vorgestellt: *der Böse* in Gestalt des bösen Mannes, vor dessen Annäherung man Kinder warnt, oder des Mafioso, der durch unkontrollierbare Machenschaften im Rahmen organisierter Kriminalität die Grundlagen des Rechtsstaats untergräbt. Eher als Karikatur figuriert die böse Schwiegermutter, deren seelische Grausamkeit für das Scheitern von Ehen verantwortlich gemacht wird.

Mancher Erwachsene hat das einfache Schema, mittels welchem er in seiner Kinderwelt die Guten von den Bösen schied, in einem Schwarz-weiß-Denken handfester Vorurteile habitualisiert, dessen Undifferenziertheit und Starrheit den unzähligen Nuancen des Guten und Bösen nicht gerecht wird. Kontrastierende Figuren bevölkern die Märchen, die Literatur und die Filme: die gute Fee – die böse Hexe; der *law and order* vertretende Sheriff – der brutale Gangster; der reine Tor – der

Intrigant. Die Einteilung in Helden und Bösewichte suggeriert, daß es nur diese beiden Sorten von Menschen gibt und nichts dazwischen. Darüber wird vergessen, daß *der/die Gute* in der Wirklichkeit eine ebensolche Ausnahme darstellt wie *der/die Böse.* Der ,Normalmensch' ist jederzeit durch das Böse anfechtbar und muß sich das Gute immer wieder neu erkämpfen. Er ist ständig in Gefahr, sich zu verfehlen, aber er hat auch jederzeit die Möglichkeit, sein Streben anders auszurichten und seinen Hang zum Bösen zu überwinden. Ob die Bosheit den Menschen angeboren ist, was erklären würde, warum es manchmal so schwer fällt, das Gute zu tun, oder ob sie durch schlechte Umstände begünstigt wird, ist, wie sich zeigen wird, ebensowenig eindeutig entscheidbar wie die Frage, ob es Anlagen zum Guten gibt, die mangels Förderung oder aufgrund schlechter Vorbilder unentwickelt bleiben. In jedem Fall empfiehlt es sich, zu seiner eigenen Sicherheit nicht auf eine gewisse Naivität oder Leichtgläubigkeit zu setzen, sondern lieber genau darauf zu achten, wo man sich niederläßt: Auch böse Menschen haben ihre Lieder.

II. Wissenschaftliche Erklärungsversuche der Herkunft von Gut und Böse

Daß die Menschen nicht von Natur aus gut sind, ist die Überzeugung der Pädagogen, deren Erziehungsanstrengungen überflüssig wären, wenn das Gute in einem angeborenen Hang zu Tugend und Moralität bereits fest verankert wäre. Andererseits gehen sie aber auch nicht davon aus, daß die Menschen von Natur aus böse sind, denn auch dann würden Erziehungsmaßnahmen nicht greifen, weil solche an der Determination durch ,böse Gene' abprallen und daher vergebens sein würden. Sofern Menschen lernfähig sind und mittels pädagogischer ,Abrichtung' und vernünftiger Belehrung, die nicht auf Gehorsam, sondern auf Mündigkeit zielt, dazu gebracht werden können, ihre Verhaltensweisen an allgemein verbindlichen Regeln zu orientieren, scheint die Hypothese erlaubt, daß der Mensch von Natur aus weder gut noch böse ist, wohl aber an sich indifferente Anlagen mitbringt, die sich je nach Einfluß und Milieu zur Moral oder zur Unmoral hin entwickeln können.

Aber auch diese Entwicklung wird nicht wie ein naturaler Prozeß aufgefaßt, der, einmal durch einen positiven oder einen negativen Anstoß in Gang gebracht, unaufhaltsam in die eine oder die andere Richtung geht. In dem Fall hätte es weder Sinn, Verbrecher zu bestrafen und resozialisieren zu wollen, noch diejenigen, die einem Altruismus anhängen, zu loben, denn weder die einen noch die anderen wären für das, was aus ihnen geworden ist, verantwortlich, da ihnen die Freiheit der Wahl fehlt. Indem wir Entscheidungsfreiheit als wesentliche Bedingung von Humanität annehmen, unterstellen wir, daß der einzelne an dem, was aus ihm wird, mitbeteiligt ist und ihm das Gute bzw. Böse als Verdienst bzw. Schuld zuzurechnen ist, wobei wir durchaus einräumen, daß günstige oder ungünstige Faktoren die Entwicklung zu moralischer Kompetenz als freier, verantwortlicher Selbstverfügung fördern oder hemmen können.

Die Frage nach der Herkunft des Guten und Bösen hat aus unterschiedlichen wissenschaftlichen Perspektiven stark voneinander abweichende Antworten gefunden. Während aus naturwissenschaftlicher Sicht die biologische Vorgeschichte des Menschen evolutionstheoretisch rekonstruiert und zur Erklärung der Entstehung moralischer Verhaltensweisen herangezogen wird, versucht man aus sozialwissenschaftlicher und psychologischer Sicht, die repressiven Strukturen der Gesellschaft als Wurzel des Bösen aufzudecken. Aus theologischer Sicht hingegen wird behauptet, es seien keine äußeren Umstände, die den Menschen zu Fall gebracht hätten, sondern als der alleinige Urheber des Bösen wie des von Gott ermöglichten Guten komme gemäß der Sündenfall-Lehre nur der Mensch selber in Betracht. Alle drei Erklärungsversuche tragen Erhellendes zum Ursprung von Gut und Böse bei, lassen aber auch Fragen offen.

Wir werden in diesem Kapitel so vorgehen, daß wir den Horizont, innerhalb dessen die Frage nach dem Ursprungsort von Gut und Böse thematisiert wird, immer mehr einschränken – von der Natur über die Gesellschaft bis hin zum Individuum – und dabei zugleich auf die Methode achten, durch die die jeweilige Erkenntnisperspektive mitsamt den aus ihr gewonnenen Resultaten bestimmt ist.

1. Der Mensch: determiniert durch gute oder böse Gene?

Die vergleichende Verhaltensforschung, wie Konrad Lorenz sie unter dem Namen Ethologie betrieb, untersucht die Verhaltensweisen von Tierarten in bezug auf Ähnlichkeiten und Verschiedenheiten, wobei auch die Spezies *Mensch* als eine besondere Tierart in den Vergleich mit einbezogen wird. Dabei interessierte sich Lorenz vor allem für die *stammesgeschichtliche* (phylogenetische) Entwicklung der Lebewesen, deren Fortgang im Unterschied zu *kulturgeschichtlichen* Prozessen unendlich viel langsamer vor sich ging und zu konstanten, erblich festgelegten Verhaltensmustern führte, die sich an allen Tierarten als gleichsam invariante Programme, die ihren

Bewegungsabläufen zugrundeliegen, beobachten lassen. Auch der Mensch als Naturwesen unterliegt den biologischen Gesetzen, die er anders als die kulturgeschichtlich gewachsenen und regional verschiedenen Sozialnormen nicht oder jedenfalls nicht ohne weiteres verändern kann. Allerdings vermag er im Unterschied zu den anderen Tierarten sein Verhalten zu reflektieren und mittels kognitiver Prozesse seine im dunkeln liegende phylogenetische Vergangenheit gedanklich zu durchdringen und so zu erhellen, daß er daraus Aufschlüsse über sich selbst erhält, die wichtig sind für die Planung von Gegenwart und Zukunft.

Eine der Konstanten, denen Lorenz neben Ernährungstrieb, Fortpflanzungstrieb und Furcht den Status eines Naturgesetzes zuschreibt, ist der Aggressionstrieb, den er als „das sogenannte Böse" bezeichnet *(Das sogenannte Böse. Zur Naturgeschichte der Aggression).* Aggressives Verhalten ist ‚böse', weil es zerstörerisch und lebensvernichtend ist; doch insofern es dem eigenen Überleben dient, kann es nur ‚sogenannt böse' heißen, denn gegenüber den Vitalfunktionen besteht keine Freiheit. So erlegt der Löwe seine Beute nicht, um zu töten, sondern um seinen Hunger zu stillen. Daher ist es nicht angemessen, sein Verhalten als böse zu charakterisieren, wie grausam sich auch das Schicksal des Opfers aus menschlicher Sicht ausnimmt; wie es ja überhaupt die Perspektive des menschlichen Beobachters ist, die den kategorialen Rahmen für die Beurteilung tierischer Verhaltensweisen abgibt und dazu nötigt, das für menschliche Handlungen Geltende in der Rückübertragung auf tierische Ausdrucksformen einzuklammern. Das ‚sogenannt' ist ein Indiz dafür, daß wir das Verhalten von Tieren auf der Folie unseres eigenen Selbstverständnisses *interpretieren,* ohne es an sich selber adäquat beschreiben zu können. Daher können wir jenem Gorillaweibchen, das kürzlich ein ins Gorillagehege gestürztes bewußtloses Kind an die Türe zum Innenbereich trug und den Wärtern übergab, nachdem es ihm nicht gelungen war, den Jungen auf die Füße zu stellen, und überdies die angriffslustigen Gorillamännchen abwehren mußte, nur ein *moralanalo-*

ges Verhalten bescheinigen, indem wir sagen, es habe eine ‚sogenannt‘ gute Tat begangen. So aufsehenerregend diese beträchtliche Intelligenz voraussetzende Leistung zweifellos ist, so wenig läßt sich entscheiden, ob das Tier einem angeborenen Verhaltensmuster (etwa einem Schutzmechanismus) gefolgt ist oder so etwas wie einen altruistischen Impuls verspürt und gleichsam human gehandelt hat.

Lorenz freilich ist der Meinung, daß die „natürliche Moral“ im Tierbereich uneigennützig ist, insofern in bezug auf die Mitglieder der eigenen Art das Gebot ‚Du sollst nicht töten!‘ befolgt werde und altruistisches Verhalten im Dienst der Arterhaltung an den Tag gelegt werde, indem stärkere Tiere ihre Überlegenheit über die schwächeren nicht zu ihrem eigenen Vorteil ausnutzten. Lorenz sieht hier offenbar geflissentlich darüber hinweg, daß gemäß ethologischen Erkenntnissen die stärkeren Tiere aufgrund einer angeborenen Beißhemmung angesichts der Demutshaltung schwächerer Tiere von deren Tötung ablassen, nicht aber weil sie aus altruistischen Gründen darauf verzichten, was voraussetzen würde, sie könnten sowohl das eine wie das andere tun. Fast sieht es so aus, als sollten sich nach Lorenz die Menschen ein Vorbild am selbstregulativen System der gesunden, natürlichen, genetisch adaptierten ‚Moral‘ nehmen, anstatt sich an ihren eigenen, physisch leider nicht zwingenden Vorstellungen eines rational Guten und Bösen zu orientieren. Zwar hält er daran fest, daß Tiere nur ein moralanaloges Verhalten an den Tag legen.

> Dennoch kann auch derjenige, der diese Zusammenhänge wirklich durchschaut, sich einer immer wiederkehrenden neuen Bewunderung nicht entschlagen, wenn er physiologische Mechanismen am Werke sieht, die Tieren ein selbstloses, auf das Wohl der Gemeinschaft abzielendes Verhalten aufzwingen, wie es uns Menschen durch das moralische Gesetz in uns befohlen wird. (*Das sogenannte Böse*: 20)

Dieser Vorbildcharakter des tierischen ‚Altruismus‘ wurde als „normativer Biologismus“ kritisiert, der der Natur eine „ideologische Bürde“ auferlege, insofern er sie auf das Prinzip reduziere „Du bist nichts, dein Volk ist alles!“ (Christian Vogel, *Gibt es eine natürliche Moral?*: 202, 200) Die natürliche Evolution, weit davon entfernt, die Interaktion tierischer Lebewesen an den Maßstab des Guten zu binden und das sogenannte Böse der puren Notwendigkeit des Überlebens zuzuschlagen, erzeuge eine bloße Scheinmoral. In Wirklichkeit werde der biologische Evolutionsprozeß durch nichts anderes als den Eigennutz der Gene gesteuert, die ihre „Kontoinhaber" dazu nötigen, möglichst viele Kopien oder Replikate herzustellen, da allein der Reproduktionserfolg für den Fortbestand zählt (ebd., 204). Mit dieser Rückführung natürlichen Verhaltens auf das Diktat der Gene ist der Schritt über die Ethologie hinaus zur Soziobiologie getan.

Die neue, seit Anfang der 60er Jahre Soziobiologie genannte Disziplin, die den ethologischen Ansatz von Lorenz unter Heranziehung von Ergebnissen aus der Evolutionsforschung und der Genetik weiterentwickelt hat, glaubt die Lücke zwischen Tier und Mensch dadurch schließen zu können, daß sie die Evolution von Organismen als einen Prozeß begreift, in dessen Verlauf der Mensch aus den Primaten empirisch hervorgegangen ist, so daß das Studium der Vorstufe zum Menschlichen aufgrund der verwandtschaftlichen Nähe Aufschlüsse über kulturinvariante, biologisch-naturgesetzlich verankerte Verhaltensweisen vermittle, die sich vom Tier zum Menschen in Form eines genetischen Codes durchhalten. Hatte Charles Darwin den Mechanismus der Evolution auf die Gesetze der Selektion und der Anpassung zurückgeführt, die im natürlichen Wettbewerb das Überleben der tauglichsten Arten komplexer lebender Systeme regelten *(survival of the fittest),* so schenken die Soziobiologen verstärkt auch der kulturellen Evolution des Menschen ihre Aufmerksamkeit, wobei sie sich in zwei Lager gespalten haben: Während die einen die These vertreten, daß auch die kulturgeschichtliche Entwicklung ausschließlich biologisch erklärbar sei, setzen die anderen zwischen biologischer und kultureller Evolution eine Zäsur derart, daß mit Erreichen der Stufe von Lebewesen, die ein Selbstbewußtsein haben, eine Abkoppelung von den Gesetzen der natürlichen Evolution stattgefunden habe. Dies hat, wie sich zeigen wird, Auswirkungen auf das Verständnis von Gut und Böse, denn nur unter der Voraussetzung, daß der Mensch fähig ist, sein Verhalten selbstkritisch zu überdenken, macht die Rede von Gut und Böse in einer nichtdeskriptiven – normativen bzw. wertenden – Bedeutung Sinn. Die Annahme einer Zäsur erlaubt nämlich die Einführung des Begriffs des Sollens, für den in der biologischen, nach Seinsgesetzen verlaufenden Evolution kein Raum ist, da dieses Geschehen absichts-, plan- und zwecklos auf der Basis kausalmechanischer Zufallsereignisse erfolgt, deren Zusammenhang nur mittels konstatierender Aussagen rekonstruierbar ist.

Die Vertreter eines „Sozialdarwinismus" halten daran fest, daß die kulturelle Evolution eine Fortsetzung der natürlichen Evolution mit anderen Mitteln ist, so daß die Ausdrücke *gut* und *böse* auch bei der Spezies Mensch nur in deskriptiver, nichtwertender Bedeutung prädikativ verwendet werden dürfen, da selbst mit Bewußtsein ausgestattete Lebewesen nur vermeintlich autonom handeln, während es doch ihre Gene sind, die längst für sie gehandelt und bereits alles vorentschieden haben. Richard Dawkins schildert in *Das egoistische Gen* das Bemühen der Gene in den Organismen, diese ihre „Überlebensmaschinen" im Kampf um knappe Ressourcen erfolgreich zu unterstützen. Im Genpool werden entsprechend alle Informationen über siegreiche und fehlgeschlagene Strategien verarbeitet, um desto besser mutieren oder sich anpassen zu können.

> Dadurch, daß die Gene diktieren, auf welche Weise die Überlebensmaschinen und ihre Nervensysteme gebaut werden, üben sie die entscheidende Macht über das Verhalten aus. [...] Die Gene entscheiden im wesentlichen über die Taktik, die der Körper anzuwenden hat, das Gehirn ist das ausführende Organ. Doch in dem Maße, wie das Gehirn einen immer höheren Entwicklungsstand erreichte, übernahm es einen ständig größeren Teil der eigentlich taktischen Entscheidungen, wobei es Kunstgriffe wie Lernen und Simulieren anwandte. Der logische Schluß dieses Trends, der bisher noch bei keiner Art erreicht worden ist, wäre der, daß die Gene der Überlebensmaschine lediglich eine einzige umfassende taktische Anwendung geben: Tu das, was auch immer es sein mag, von dem du meinst, daß es für unseren Fortbestand am besten ist. (*Das egoistische Gen:* 72)

Wenn ein Gen für altruistisches Verhalten optiert, so nicht deshalb, weil es sich in ein gutes, moralisches Gen verwandelt hätte, das sein vormaliges egoistisches Verhalten als böse deklariert, sondern weil es unter gegebenen Umständen seinen Egoismus mit altruistischen Mitteln – im Verbund mit anderen Genen, für deren Kooperation es sich erkenntlich zeigen muß – besser durchsetzen zu können glaubt. Was immer ein menschliches Individuum tut, letztlich gehorcht es seinen Genen, die auf nichts anderes als ihren eigenen Vorteil bedacht sind, selbst wenn dazu Umwege über Religion, Moral und Recht nötig sein sollten. Das erfinderische Gen bedient sich normativer Konstrukte, um seine Interessen zu befriedigen. Wenn der Glaube an einen Gott einen Überlebensvorteil zu verschaffen verspricht, suggeriert der Genpool seiner Überlebensmaschine Religiosität als etwas Gutes. Das gleiche gilt für Wertstandards, Moralkodizes und Rechtssysteme, die sich im Dienst der Gene beim Überlebenstraining bewährt haben. Alles, was der Mensch denkt, fühlt, will und tut, ist ursprünglich genetisch bedingt, und auch wenn Dawkins am Ende dafür plädiert, wir sollten uns gegen den Terror der Gene zur Wehr setzen und endlich unsere Evolution selbst in die Hand nehmen (ebd., 237), ist dies vielleicht doch wieder nur ein neuer Trick der Gene, uns in ihrem Sinne zu manipulieren.

Dawkins' Hypothese von der Allmacht der Gene, die ihre Wurzel im menschlichen Genom als Sammelbecken der molekularbiologischen Erbanlagen hat, ist insofern konsistent, als sie nicht den „naturalistischen Fehlschluß" begeht, der darin besteht, daß aus einem Sein ein Sollen abgeleitet wird. Wenn sich die Strukturen alles Lebendigen auf das Diktat der Gene zurückführen lassen, die gemäß dem ihnen immanenten egoistischen Prinzip solche Handlungen gebieten, welche den Fortbestand der Gene garantieren, dann sind auch Gut und Böse keine in der kulturellen Evolution neu entstandenen Sollenskategorien, sondern ihrem Kern nach genetische Potentiale, die im Gewand einer autonomen Moral daherkommen, um zu verschleiern, daß es immer noch die uralten Vorschriften der aufs Überleben programmierten Gene sind, denen wir uns selbst im höchsten Bewußtsein unserer Freiheit unterwerfen müssen. Es gibt somit gar kein echtes Sollen im Sinne einer Verpflichtung auf der Basis freier Selbstbestimmung. Die Gene agieren diesseits von Gut und Böse, denn sie können nicht von den ihnen eingeschriebenen Naturgesetzen abweichen. Gut und Böse als moralische Formen von Selbstbestimmung sind nur Scheinkategorien, die von den Genen erfunden wurden, um mittels Wertvorstellungen und Normen das Verhalten menschlicher Organismen strategisch günstig zu regulieren.

Diejenigen unter den Soziobiologen hingegen, die zwischen natürlicher und kultureller Evolution eine Zäsur setzen, sehen sich mit der Schwierigkeit konfrontiert, den ‚Sprung' vom Sein zum Sollen zu erklären, ohne den naturalistischen Fehlschluß zu begehen, der aus einer Beschreibung dessen, was der Fall ist, folgert, daß es sein soll. Wenn z.B. patriarchale Strukturen in den uns historisch bekannten Gesellschaften vorherrschen und dieses Faktum mit dem Hinweis darauf *gerechtfertigt* wird, daß Männer aufgrund ihrer größeren Muskel- und Gehirnmasse von der Natur zum Herrschen ausersehen seien, so liegt hier ein logisch unzulässiger Fehlschluß vom Sein auf ein Sollen vor. Konrad Lorenz hat das Problem, das mit dem Entstehen neuer Systemeigenschaften auftritt, durch die Annahme einer blitzartigen, plötzlich und unvorhersehbar auftretenden Verbindung *(Fulguration)* zu erklären versucht *(Die Rückseite des Spiegels:* 48 ff.). Auf diese Weise schließe sich eine vorher lineare Ursachenkette zu einem Kreis zusammen, wodurch etwas vollständig Neues erzeugt werde, das zwar aus dem Früheren hervorgegangen ist, aber nicht als kontinuierliche Folge aus ihm hergeleitet werden kann. Wendet man die Hypothese der Fulguration auf den Zusammenhang von natürlicher und kultureller Evolution an, so ergibt sich daraus eine Zweiweltentheorie: auf der einen Seite die durchgängig vom Kausalmechanismus beherrschte Welt der Naturprozesse (= Welt des Seins), auf der anderen die diese überwölbende Welt der absichts- und planvoll verlaufenden, bewußtseinsgesteuerten Prozesse (= Welt des Sollens). Entsprechend wird nun zwischen dem an sich wertneutralen „sogenannten Bösen" der vormenschlichen Evolution und dem „eigentlichen Bösen", das vom Menschen als freiem Wesen zu verantworten ist, unterschieden (Hans Mohr, *Natur und Moral:* 105). Das biologisch Gute/Böse als deskriptives und das moralisch Gute/Böse als normatives Kategorienpaar haben im Grunde nichts miteinander gemein; sie scheinen äquivok zu sein. Und doch wird aus soziobiologischer Perspektive ein Zusammenhang behauptet, da ja die natürliche Evolution der kulturellen vorangegangen ist und insofern in dieser weiterwirkt, wenn auch nicht mehr allein und uneingeschränkt. „Dementsprechend wäre Humanität keine Erfindung der Kultur, sondern, zumindest in ihren Grundzügen, eine Notwendigkeit des Lebens (und Überlebens) und damit schon auf den frühen Stufen der Evolution des Menschen etabliert." Der Mensch stellt eine „biosoziale Einheit" dar, da seine Normensysteme nicht vom Himmel gefallen, sondern als Gruppennormen im vormenschlichen Rudelverhalten bereits vorgeprägt seien (Franz Wuketits, *Gene, Kultur und Moral:* 140, 131).

Wenn der Kreis auf diese Weise geschlossen wird, bleibt das Problem jedoch ungelöst, weil bloß behauptet, aber nicht erklärt wird, daß bzw. *wie* der Mensch als biosoziale Einheit begriffen werden kann. Entweder wir akzeptieren, daß sich der Übergang von der natürlichen zur kulturellen Evolution nicht rekonstruieren läßt. Dann ist es mindestens mißverständlich, eine „Naturgeschichte von Gut und Böse" schreiben zu wollen (Wuketits, *Verdammt zur Unmoral?).* Oder wir leiten Gut und Böse aus moralanalogen Vorformen tierischer Verhaltensweisen ab, die als altruistisch bzw. egoistisch (*sogenannt* gut bzw. böse) bezeichnet werden, begehen damit aber einen naturalistischen Fehlschluß. In beiden Fällen wird jedoch übersehen, daß das zeitlich Frühere mit den sprachlichen Mitteln des zeitlich Späteren, Entwickelteren so beschrieben wird, als brauchte man von der kulturellen Evolution nur alles Kulturelle abzuziehen, um die natürliche Evolution übrigzubehalten. Das *moralisch* Gute und Böse minus Normativität (Sollen) ergibt das *sogenannte* Gute und Böse (Sein). Diese schlichte Annahme trägt jedoch nichts zur Lösung der Frage nach dem Zusammenhang von Natur und Kultur im Kontext menschlichen Handelns bei, denn wenn man an normativen Vorstellungen das Normative wegdenkt, hebt man den Begriff selber auf. Vom Begriff der Humanität bleibt kein natürlicher Bodensatz übrig, nachdem man von ihm dasjenige abstrahiert, wodurch er *ethisch* definiert ist (Menschenwürde, Freiheit). Und definiert man Humanität, um den Bogen zur Evolution zurückschlagen zu können, von vornherein *naturalistisch* (als Bedürfnisstruktur von Organismen oder genetischen Überlebensmaschinen), so wird genau das ausgeblendet, was doch eigentlich mit seiner Vorgeschichte in einen Zusammenhang gebracht werden sollte: das Normative. Das „sogenannte Gute und Böse" erweist sich danach als eine sprachliche Verlegenheitslösung.

Die Soziobiologie vereint in ihrem Namen etwas, das vorläufig nur additiv zusammengefügt ist, und behauptet eine als solche noch unausgewiesene Zusammengehörigkeit von Kultur und Natur. Darüber vermögen auch noch so plakative Buchtitel wie *Diesseits von Gut und Böse. Die biologischen Grundlagen unserer Ethik* (Robert Wright) nicht hinwegzutäuschen. Den Soziobiologen ist es nicht gelungen, die Brücke von der genetischen Erklärung menschlichen Verhaltens zur ethischen Begründung der Moral zu schlagen. Ob der umgekehrte Vorwurf an die Adresse der normativen Ethiker, sie vernachlässigten die biologischen Wurzeln moralischen Handelns, zutrifft, wird noch zu prüfen sein. Daß der Mensch sich außerhalb der Evolution stellen und für sich beanspruchen kann, eine von der außermenschlichen Natur unabhängige Entwicklungsgeschichte zu haben, wird unter wissenschaftlich halbwegs Informierten heutzutage niemand mehr ernsthaft annehmen. Die Abkünftigkeit der Spezies Mensch von Affen dürfte allenfalls für strenggläubige Christen, die den Mythos von der göttlichen Erschaffung der Welt uninterpretiert als Tatsachenbericht auffassen, eine beirrende Vorstellung sein. Doch so aufschlußreich und empirisch gut belegbar die Rekonstruktion der natürlichen Evolution auch sein mag, es darf dabei nicht vergessen werden, daß sie eine Erzählung der Geschichte unserer Herkunft ist, so wie sie sich aus naturwissenschaftlicher Perspektive als ein kausales Geschehen darstellt: als ein Prozeß, den als Überlebenskampf egoistischer Gene zu schildern, die auf der Basis eines strategischen Kalküls die Chancen für ihren Weiterbestand zu maximieren trachten, nur möglich ist aufgrund einer Rückprojektion von Erzählschemata, die wir zur Charakterisierung von Verhältnissen unserer Lebenswelt gebildet haben, auf an sich selber völlig unbekannte und als solche notwendig unbekannt bleibende Verhältnisse.

Die Herkunftsgeschichte von Gut und Böse scheint eine andere zu sein. Jedenfalls läßt sie sich nicht nahtlos, ohne Brüche und kategoriale Verrenkungen, aus der naturwissenschaftlichen Perspektive erzählen. Die ‚analoge‘ bzw. ‚sogenannte‘ Naturgeschichte der Moral, wie sie von der Ethologie und der Soziobiologie im Sinne einer Als-ob-Geschichte entwickelt wird, legt schon die Perspektive der Moral zugrunde, aus welcher die prämoralische Vergangenheit narrativ so rekonstruiert wird, daß eben diese moralische Perspektive das plausible Ende der Geschichte bildet: die Moral als ‚Moral von der Geschicht‘ gewissermaßen.

Beide Versionen, in denen diese Geschichte geschildert wird, werfen Probleme auf. Wenn es sich um eine Geschichte handelt, die durchgehend von ‚Tätern‘ veranstaltet wird, die für ihre ‚Taten‘ nicht zur Verantwortung gezogen werden können, da sie unfreiwillig agieren, dann folgt daraus zum einen, daß das moralische Selbstverständnis humaner Lebewesen ein Irrtum ist: „Die Moral ist nichts weiter als eine kollektive Illusion, die uns von unseren Genen für den Zweck der Fortpflanzung angedreht wurde" (Michael Ruse, *Ethik der Evolution*: 163). Zum anderen folgt aus der Annahme einer lückenlosen genetischen Determination, daß der Mensch zwar nicht „Verdammt zur Unmoral" (Wuketits), weil mit der Vorstellung des Verdammtseins immer noch ein allmächtiges (in diesem Fall abgrundböses) Wesen assoziiert wird, das aus schierer Bosheit den Menschen Freiheit verweigert, indem es sie einem Mechanismus unterwirft, der unvermeidlich auf das Böse zusteuert. Sehr wohl aber ließe sich aus dem Faktum genetischer Determiniertheit der Schluß ziehen, daß keine einzige von Menschen ausgeführte Handlung rechtfertigungspflichtig ist, weil alles menschliche Tun Resultat des Diktats der Gene ist und daher dem Individuum nicht zugerechnet werden kann – weder in positiver noch in negativer Hinsicht.

Die zweite Version der von Ethologen und Soziobiologen erzählten Geschichte über die Entstehung unserer Moral führt zwar nicht zu den unannehmbaren Konsequenzen der ersten, deterministischen und reduktionistischen Version, insofern sie der kulturellen Evolution einen eigenen Anfang und damit eine gewisse Unabhängigkeit von der natürlichen (genetischen) Evolution zugesteht, jedoch handelt sie sich eben damit ein neues Problem ein, insofern sie diesen Anfang nur konstatieren, aber nicht erklären kann, ohne den wissenschaftlich unzulässigen naturalistischen Fehlschluß zu begehen. Wird für den Bereich außermenschlicher Lebewesen eine natürliche Moral (im Sinne des sogenannten Guten bzw. Bösen) bejaht, dann bleibt unerklärt, wieso diese in der Natur doch vorzüglich funktionierende Regelung durch eine weniger vorzügliche, nämlich durch die rationale Moral der Menschen abgelöst werden konnte, die nach Lorenz geradezu eine Dehumanisierung (!) nach sich zog, wie er in *Die acht Todsünden der zivilisierten Menschheit* (1983) klagt. Wird hingegen eine natürliche Moral verneint, dann ist eine Wiederanbindung der erst im Handlungskontext menschlicher Lebewesen entstandenen Moral an die Natur schwierig. „Die Proklamation allgemeinverbindlicher Menschenrechte, einer alle Völker und Rassen überspannenden ‚Gleichheit' und ‚Brüderlichkeit' ist also zumindest ‚naturfern'. Und wie es keine auf dem Prinzip der ‚Arterhaltung' basierende, die ganze Menschheit umfassende ‚natürliche Moral' gibt und geben kann, so gibt es erst recht keine biogenetisch fundierte ‚Verantwortlichkeit' gegenüber anderen Organismen dieser Erde" (Vogel, *Gibt es eine natürliche Moral:* 213). Die Moral, als geradezu widernatürliches normatives Erzeugnis der kulturellen Evolution aufgefaßt, erlegt dem Menschen unter den Kategorien des Guten und Bösen Gebote und Verbote auf, gegen die sich seine unter dem Diktat der Gene agierenden naturalen Antriebe sträuben. Dies würde erklären, wieso es die Menschen in Konfliktfällen häufig in zwei verschiedene Richtungen zieht, wenn an einem Strang die Gene und am anderen die moralischen Normen zerren. Doch bleibt letztlich die Zäsur zwischen natürlicher und kultureller Evolution ein Fragezeichen, und die Behauptung, daß moralische Eigenschaften „natürlich ihrerseits wieder ein Produkt der biologischen Evolution" seien (ebd.), mißversteht – abgesehen davon, daß sie einen Rückfall in die deterministische Version darstellt – die Bedeutung der normativen Implikate des mit Moral Gemeinten. Ebensowenig wie *wahr* und *falsch* Produkte der biologischen Evolution sind, obwohl diese unbestreitbar ein Gehirn hervorgebracht hat, das zu kognitiven Leistungen fähig ist, sind *gut* und *böse* genetische Erzeugnisse, obwohl Bewußtsein und Selbstbewußtsein sich im Verlauf der Evolution entwickelt haben. Es wäre eine maßlose Überschätzung des für die biologische Evolution zugrundegelegten Kausalprinzips, wollte man dessen Geltungskraft auch auf kulturelle Leistungen erstrecken. So unsinnig es wäre, die Gültigkeit mathematischer Axiome auf jene genetischen Gesetze zurückzuführen, die das mathematische Denkvermögen bewirkt haben, so aussichtslos ist es, die mit Gut und Böse verbundenen praktischen Geltungsansprüche durch Rückführung auf die biologischen Wurzeln des Moralbewußtseins als verbindlich erweisen zu wollen. Ererbte Denkgewohnheiten und Bewußtseinsfähigkeiten unterliegen *Real*bedingungen (faktischen Bestimmungen), wie sie anhand der mittlerweile empirisch gut bestätigten Hypothese eines Evolutionsprozesses eruiert werden können. Die Erzeugnisse der Bewußtseinsvermögen ihrerseits sind geistige Konstrukte, die unter anderen, *normativen* Bedingungen (logischen Bestimmungen) entwickelt wurden.

Die Herkunftsgeschichte von Gut und Böse läßt sich auch anders erzählen, was freilich einen Perspektivenwechsel voraussetzt. Sehen wir also zu, ob es den Psychologen und den

Soziologen gelingt, die in den naturwissenschaftlichen Erklärungsversuchen offen gebliebenen Probleme mit anderen methodischen Mitteln so zu inszenieren, daß sie sich auflösen.

2. Der Mensch: determiniert durch psychische Faktoren und gute oder schlechte soziale Verhältnisse?

Psychoanalytiker und Soziologen schreiben dem sozialen Milieu eine entscheidende Bedeutung im Hinblick auf die Herausbildung guter und böser Interaktionsmuster zu. Das Ich und die Gesellschaft stehen in einer Wechselbeziehung, deren spannungsvolles Mit- und Gegeneinander zu individuellen und kollektiven Neurosen führen kann. Obwohl Sigmund Freud sich als Naturwissenschaftler verstand, war er als Psychoanalytiker doch Hermeneutiker, d.h. Interpret der diffusen Ängste, Schuldgefühle und Traumerlebnisse seiner Patientinnen und Patienten, und indem er unterstellte, daß es möglich ist, psychisch Kranke durch eine Gesprächstherapie zu heilen, nahm er an, daß der Mensch dem auf Entladung drängenden energetischen Geschiebe der Neuronen in seinem psychischen Apparat nicht hilflos ausgeliefert ist, sondern daß er sich bis zu einem gewissen Grad davon befreien und Herr im eigenen Seelenhaushalt werden kann.

Um an den Ursprung von Gut und Böse aus psychoanalytischer Sicht zu gelangen, muß man die Etappen der Genese des Ich in Erinnerung rufen. Für Freud ist es das Begehren nach Lust, womit ein Mensch sich in seinen kindlichen Anfängen als erstes – gleichsam noch nicht als ein Ich, sondern als in seine Naturanlagen eingesponnenes *Es* – vorfindet. Als Es ist das Ich seiner selbst noch nicht bewußt, es kennt „keine Wertungen, kein Gut und Böse, keine Moral" (*Werke:* XV, 81). Doch dieses ursprüngliche, naturale Streben nach Glück im Sinne von Lustmaximierung und Unlustvermeidung wird bald enttäuscht, denn „die Absicht, daß der Mensch ‚glücklich' sei, ist im Plan der ‚Schöpfung' nicht enthalten" (*Das Unbehagen in der Kultur:* 105). Das Kind erfährt daher schon früh eine narzißtische Kränkung, die so tiefgreifend ist, daß seine weitere Entwicklung einen völlig anderen Verlauf nimmt. Freud beschreibt diese Kränkung in der ödipalen Situation: Der Junge, der die Mutter begehrt, sieht sich einerseits mit Liebesentzug seitens der Mutter und andererseits mit Kastration seitens des Vaters bedroht, wenn er an seinem Begehren festhält. Unter dem Druck der väterlichen Autorität verzichtet er auf Lusterfüllung, entwickelt dabei aber eine starke Aggression, die sich destruktiv nach außen oder nach innen gegen ihn selbst wenden und zu Neurosen als Ersatzbefriedigung für unerfüllte sexuelle Wünsche führen kann. Freud zufolge stellt sich mit dem erzwungenen Triebverzicht die Erfahrung eines Bösen ein, das sich dem anfangs erstrebten und nun als Inbegriff des Guten gesetzten Glück hindernd in den Weg stellt.

> Ein ursprüngliches, sozusagen natürliches Unterscheidungsvermögen für Gut und Böse darf man ablehnen. Das Böse ist oft gar nicht das dem Ich Schädliche oder Gefährliche, im Gegenteil auch etwas, was ihm erwünscht ist, ihm Vergnügen bereitet. Darin zeigt sich also fremder Einfluß; dieser bestimmt, was Gut und Böse heißen soll. [...] Das Böse ist also anfänglich dasjenige, wofür man mit Liebesverlust bedroht wird; aus Angst vor diesem Verlust muß man es vermeiden. *(Das Unbehagen in der Kultur* 163 f.)

Die Angst vor der väterlichen Autorität findet später ihre Fortsetzung in der Angst vor dem Über-Ich, d. h. jenem internalisierten sozialen Gewissen, das dem Ich unter Androhung von Sanktionen vorschreibt, was es zu tun und zu lassen hat. Freud führt die Herausbildung des Über-Ich als normengenerierender Instanz, die über Gut und Böse entscheidet, auf die „unleugbare Existenz des Bösen" zurück. Um „die angeborene Neigung des Menschen zum ‚Bösen', zur Aggression, Destruktion und damit auch zur Grausamkeit" (ebd., 159) in Schranken zu halten und um zu verhindern, daß der Mensch dem Menschen ein Wolf ist, hat sich im Zuge der Kulturalisierung eine Ethik entwickelt, die den Aggressionstrieb mittels moralischer Regelsysteme zu hemmen, zu kanalisieren, zu sublimieren versucht.

Damit hat Freud drei Formen des Bösen unterschieden: (1) das Böse für mich, das in der narzißtischen Kränkung besteht: das Objekt meines ursprünglichsten Begehrens wird mir verweigert und damit mein Streben nach Lust empfindlich unterbrochen; (2) das Böse, das aus meiner aggressiven Reaktion auf die verweigerte Lusterfüllung resultiert: ich will das Übel, das mich daran hindert, zum Ziel meiner Wünsche zu gelangen, mit allen mir zur Verfügung stehenden Mitteln beseitigen; (3) das Böse an sich, das durch gesellschaftliche, im Über-Ich verobjektivierte Autorität als kollektiv Böses deklariert wird: es ist mir unter Androhung von Strafe verboten, meinen durch die narzißtische Kränkung geweckten Aggressionstrieb zu befriedigen. Obwohl Freud die Ausdrücke *das Böse* und *böse* selten in Anführungszeichen setzt, weisen doch die Erläuterungen durch *angeborene Neigung, Aggression* etc. darauf hin, daß auch Freud in erster Linie das ‚sogenannte‘ Böse im Auge hat, ein Böses also, das nicht selbstverschuldet ist, sondern zum einen die natürliche Reaktion auf eine als tiefstes Unrecht erlebte Verletzung darstellt und zum anderen eine Art List der Kultur, die das Ich in Angst und Schrecken versetzt, indem sie mit noch schlimmeren Übeln (Liebesentzug) droht, um dessen natürliche Reaktion ab- oder umzulenken und das Ich zum Triebverzicht zu bewegen, wobei *das Gute* gleichsam als Prämie winkt, die nichtaggressives Verhalten mit Liebe belohnt.

Die Moral und mit ihr die Kategorien des Guten und Bösen haben psychoanalytisch betrachtet ihren Ursprung in jenen Schuldgefühlen, die nach Freud in der ödipalen Situation aufbrechen. Ödipus hat seinen Vater erschlagen und seine Mutter zur Frau genommen. Für ihn hat sich sein frühkindliches Begehren erfüllt – ohne daß er es wußte und planmäßig darauf hinarbeitete. Und doch war er schuldig: schuldig des Vatermordes und der Schändung der Mutter. Es ist die – im griechischen Drama durch die Anwesenheit der Götter verbürgte – Moral, die nachträglich ihr Urteil fällt und den mittels Tötung ermöglichten Inzest als böse deklariert. Nicht die Sexualität als solche gilt als die Wurzel des Bösen, sondern die rücksichtslose, alle möglichen Konsequenzen für die Betroffenen ausblendende Weise ihrer Befriedigung. Um die These zu erhärten, daß der Ödipuskomplex eine menschliche Grundbefindlichkeit indiziert, versucht Freud den historischen Anfang der durch Über-Ich-Strukturen regulierten Gesellschaft in einer Urhorde dingfest zu machen, die ihre Aggression nicht unterdrückte, sondern auslebte. Die Brüderschar tötete den Urvater, um Zugang zu den Frauen zu erhalten und die Macht, um die sie ihn beneideten, selbst ausüben zu können.

> Eines Tages taten sich die ausgetriebenen Brüder zusammen, erschlugen und verzehrten den Vater und machten so der Vaterhorde ein Ende. Vereint wagten sie und brachten zustande, was dem einzelnen unmöglich geblieben wäre. [...] Daß sie den Getöteten auch verzehrten, ist für den kannibalischen Wilden selbstverständlich. Der gewalttätige Urvater war gewiß das beneidete und gefürchtete Vorbild eines jeden aus der Brüderschar gewesen. Nun setzten sie im Akte des Verzehrens die Identifizierung mit ihm durch, eigneten sich ein jeder ein Stück seiner Stärke an. Die Totemmahlzeit, vielleicht das erste Fest der Menschheit, wäre die Wiederholung und die Gedenkfeier dieser denkwürdigen, verbrecherischen Tat, mit welcher so vieles seinen Anfang nahm, die sozialen Organisationen, die sittlichen Einschränkungen und die Religion. (*Totem und Tabu:* 158 f.)

Auch für Freud steht demnach am Anfang der Menschheit eine Art Sündenfall, der freilich nicht durch die Leugnung eines Gottes, sondern durch die Tötung des einerseits als Vorbild bewunderten, andererseits wegen seiner sexuellen Privilegien verhaßten Vaters das Böse in die Welt bringt. Mit der Einverleibung ihres Erzeugers ging auch dessen Macht auf sie über, aber gerade indem sie sich auf diese radikal materialistische Weise mit ihm identifizierten, wurde ihnen bewußt, daß keiner von ihnen, wie ersehnt, die ganze Macht ungeteilt auf sich zu konzentrieren vermochte, und sie sahen ein, daß dies keine Lösung sein konnte, wenn sich nicht durch ihre Söhne das gleiche Verbrechen an ihrem eigenen Leib vollziehen sollte. Freud erzählt die Geschichte so weiter, daß die Söhne ihre Tat bereuten und sich schuldig bekannten. Ihr Schuldbewußtsein nötigte sie dazu, der Stimme des getöteten Vaters in ihnen zu gehorchen und ihm auf diese Weise die Macht zurückzuerstatten, die sie ihm genommen hatten.

... nachdem der Haß durch die Aggression befriedigt war, kam in der Reue über die Tat die Liebe zum Vorschein, richtete durch Identifizierung mit dem Vater das Über-Ich auf, gab ihm die Macht des Vaters wie zur Bestrafung für die gegen ihn verübte Tat der Aggression, schuf die Einschränkungen, die eine Wiederholung der Tat verhüten sollten. (*Das Unbehagen in der Kultur:* 174)

Damit sind wir an den Punkt gelangt, an dem nach Freud mit der Einsetzung und Ermächtigung einer Über-Ich-Instanz die Moral und die Ethik mitsamt ihren Urnormen von Gut und Böse entspringen. Dieser Ursprung wiederholt sich in allen individuellen und kollektiven Lebensformen, denn ursprünglich ist es immer der Vater, der aus sämtlichen moralischen Geboten und Verboten spricht, sei es im Kontext der ödipalen Situation, sei es im Regelwerk der gesellschaftlichen Praxis, dem letzten Endes das patriarchale Diktat des Triebverzichts zugrundeliegt. „Die Ethik ist also als ein therapeutischer Versuch aufzufassen, als Bemühung, durch ein Gebot des Über-Ichs zu erreichen, was bisher durch sonstige Kulturarbeit nicht zu erreichen war" (ebd., 187).

Im Unterschied zu den Soziobiologen naturalisiert Freud den Ursprung von Gut und Böse nicht, sondern historisiert ihn. Die Entstehung der Moral, weit davon entfernt, sich als ein Zufallsprodukt der Evolution herauszustellen, fällt mit jenem Ereignis zusammen, das dazu führte, daß aus einer Horde narzißtischer Wesen eine soziale Gemeinschaft hervorging, die ihre Interaktionen einvernehmlich nach für alle in gleicher Weise gültigen Prinzipien regelt, um zu verhindern, daß das Verbrechen, mit dem das Böse in die Welt kam, sich wiederholt. Am Anfang der Geschichte der Ich- oder Selbstwerdung des Menschen steht für Freud demnach ein Mord: der Mord am Vater als dem ersten Normgeber. Die Schwierigkeit dieser psychoanalytischen Rekonstruktion liegt jedoch – abgesehen von der Frage nach der Herkunft des Urvaters, der offenbar in einer Art Androgenese sich selbst erzeugt hat, und abgesehen von den Frauen und Töchtern, für die in diesem Modell anscheinend kein Platz ist – darin, daß dieser Anfang selber noch diesseits von Gut und Böse liegt, gleichwohl aber Gut und Böse generieren soll. Wenn das noch unentwickelte Ich auf der Stufe des Es pures Streben nach Lust ist, die noch kein Maß kennt, und wenn diesem Streben die Befriedigung durch einen autoritären Machtspruch versagt wird, dann scheint die daraus resultierende Aggression gegen die Tyrannei des Vaters, der das Monopol der Lustbefriedigung für sich allein beansprucht und aufgrund seiner Übermacht durchsetzt, eine natürliche Folge zu sein.

Wir können, um den Ursprung von Gut und Böse psychoanalytisch aufzuklären, den Aufstand der Söhne gar nicht anders als moralisierend beurteilen und dem Vater die Mitschuld an seiner Ermordung geben, denn dessen Monopolisierung der Lust ist (aus unserer, späteren, über-ich-vermittelten Sicht) ungerecht, obwohl sie – unter Ausblendung des Späteren vom Anfang her betrachtet – an sich selber mit moralischen Kategorien ebensowenig zu fassen ist wie die Tat der Söhne, insofern ja auch der Vater noch der Stufe des Es – diesseits von Gut und Böse – verhaftet ist, mit dem Unterschied, daß es ihm aufgrund seiner Machtposition gelingt, seinen Narzißmus auszuleben: durch rigorosen Ausschluß der Söhne vom sexuellen Genuß. In dieser explosiven Konstellation ist das Gute wie das Böse latent mit angelegt, das bedeutet: der Durchbruch des Bösen stellt nicht die einzige Möglichkeit der Entschärfung des Konflikts dar, denn es wäre durchaus denkbar, daß der Vater aufgrund seines Generations- und Erfahrungsvorsprungs in seiner Fortentwicklung von der eshaften Determination zur ich-haften Selbstbestimmung zu der Einsicht gelangt, daß es vorteilhafter ist, wenn er seine Macht mit den Söhnen teilt, anstatt sie ihnen vorzuenthalten. Es wäre aber auch denkbar, daß er zwar zu einem Bewußtsein seiner selbst als eines Ich gelangt, sich aber ausdrücklich dafür entscheidet, die Macht zu behalten. In dem Fall würde er sein ursprüngliches, naturwüchsiges, an sich selber noch wertfreies Begehren bewußt zur Norm und damit das Böse zum Prinzip erheben: Wissend um die Ungerechtigkeit seines Tuns, würde er diese auf ewig festschreiben – um der Sicherung seines Genusses willen.

In Freuds Beschreibung ist jedoch nicht der Vater schuldig geworden, sondern seine Söhne haben das Böse in die Welt gebracht, indem sie den Vater töteten. Aber: hätten sie eine Wahl gehabt, oder handelten sie unter dem Zwang ihrer Natur? Sie befanden sich in einem Zwiespalt, da sie gemäß ihrer Es-Determination nicht anders konnten, als nach Befriedigung ihres natürlichen Begehrens zu streben, und überdies im Verhalten des Vaters das Grundmuster unersättlicher Begierde nebst Lusterfüllung ständig vor Augen hatten. Jedoch war ihnen durch das väterliche Verbot genau dieser Weg versperrt; aber hätten sie nicht nach Möglichkeiten Ausschau halten können, auf andere Weise glücklich zu werden, indem sie sich Ziele setzten, die mit denen des Vaters nicht kollidierten? Warum diese Fixiertheit auf den einen Typus von Lust, den der Vater für sich als sein Privileg beanspruchte? Not macht erfinderisch: Weshalb sich nicht andere Genüsse vorstellen und ausprobieren, die für die entgangenen Freuden entschädigen? Die Entscheidung, die die Brüderschar schließlich traf, nämlich denjenigen zu beseitigen, der als Vorbild für alle Wunschbefriedigung und zugleich als Verursacher für deren Verhinderung figurierte, war jedenfalls – so müßte man in Weiterführung von Freuds Erzählung klarstellen – nicht mehr eine quasi reflexhafte, eruptive Entladung unerträglicher, durch Unlust erzeugter Spannungen, sondern bereits das Ergebnis rationaler Überlegungen, denn sie hatten entdeckt, daß sie nur als getrennte schwach waren, als verbündete jedoch eine zuvor nicht gekannte Überlegenheit gewonnen hatten. Diese hätten sie anders nutzen können, indem sie zum Beispiel die Machtposition des Vaters beschnitten. Doch sie entschieden sich rational – im neuen Bewußtsein ihrer vereinten Stärke – für dessen Tötung. Eben dadurch wurden sie zu den Urhebern des Bösen.

Die durch das Schuldbewußtsein ermöglichte Einsicht in das Böse ist zugleich Einsicht in das als solches verfehlte Gute. Die von den Söhnen als Willensbekundung eines nicht nur dem einzelnen Ich, sondern der Gesamtheit der Iche überlegenen Über-Ichs etablierte Moral dokumentiert die Anerkennung der eigenen Schuld und impliziert zugleich eine rückwirkende Entschuldung des Vaters, dessen normative, handlungsregulierende Kraft nun als etwas Gutes anerkannt wird. Es bedarf verbindlicher Normen, um den Zusammenhalt der Mitglieder der Gemeinschaft zu gewährleisten, doch müssen solche Normen, damit die in der Urhorde aufgetretenen Konflikte vermieden werden, ihren ursprünglich autoritären Anspruch in einen sozialverbindlichen verwandeln, d.h. sie dürfen niemanden, weil er stark ist, bevorzugen, bzw. jemanden, weil er schwach ist, benachteiligen.

Das Gute als das sozial Ver-bind-liche: dies ist die Botschaft der Moral, die die Individuen davon abhält, sich im Kampf um die Lustbefriedigung mit den konkurrierenden Rivalen zu verfeinden, und sie stattdessen in eine Gemeinschaft einbindet, die ihnen Schutz gewährt und durch eine gerechte Verteilung der Ressourcen dafür sorgt, daß nicht einer alles und die anderen nichts haben. Für den einzelnen setzt dies einen beträchtlichen Triebverzicht voraus: Er muß davon absehen, sein narzißtisches Begehren voll und ganz und um jeden Preis befriedigen zu wollen. Zwar weiß er nach wie vor, daß alle Lust „tiefe, tiefe Ewigkeit" will (Nietzsche), aber er weiß auch, daß er mit diesem Wollen nicht allein steht und daß – wenn alle das gleiche wollen – ewiger Krieg die Folge sein wird, was wiederum eine erhebliche Einbuße an Lust mit sich bringt. In rationaler Abwägung der Vorteile und Nachteile erweist es sich für den einzelnen als nützlicher, auf eine totale Interessenbefriedigung zu verzichten und dafür die Garantie zu haben, daß er an der Gesamtmenge der vorhandenen Güter angemessen beteiligt wird.

Mit diesem ersten Schritt hat die Moral eine innere Befriedung der untereinander zerstrittenen Menschen erreicht. Aber es genügt ihr nicht, Gut und Böse auf einen quantifizierenden Maßstab zu beziehen nach dem Motto: Wer auf Kosten der Gemeinschaft alles daran setzt, mehr zu erhalten, als ihm zusteht, der ist böse; wer hingegen bereit ist, zu teilen, und sich mit dem ihm zugesprochenen Anteil bescheidet, der ist gut. Darum wissend, daß der Mensch aufgrund seiner naturalen

Ausstattung immer nach möglichst viel Lust und Glück streben wird, hat die Moral eine Ethik ausgebildet, die das Gute nicht nur quantitativ, sondern qualitativ begreift. Freud würde diesen Vorgang der Umwandlung eines unerreichbaren quantitativ kompletten Glücks in ein der Zeit überhobenes, aber jederzeit realisierbares qualitatives Glück als Sublimierung bezeichnen. Lust und Glück bleiben auf diese Weise zwar Gemeinschaftswerte, insofern sie im Kontext von Interaktionen erworben werden müssen, da sich jedoch im Umgang mit den Mitgliedern der Gesellschaft auf der Basis gegenseitigen Respekts neue Formen eines kulturellen, zivilisierten Miteinanders herausgebildet haben, entsteht neben dem naturwüchsig Begehrten eine neue Sinndimension, die mit einer eigenen Qualität versehen wird. Diese im engeren Sinn moralische Qualität ist das Ergebnis einer Beurteilung dessen, was der Fall ist, von einem distanznehmenden Standpunkt aus, der es erlaubt, eine schlechthin geglückte Lebensform zu entwerfen, die im Hinblick auf die faktisch bestehenden Verhältnisse als Maßstab fungiert, dem sie entsprechen *sollen.*

Dieses normative Moment, das das Bestehende nicht distanzlos im Guten aufgehen läßt, verdankt sich einer ethisch-praktischen Rationalität, die auf der Erkenntnis basiert, daß es menschenwürdiger ist, seiner selbst mächtig zu sein und Gewalt über sich selbst zu haben, als andere zu beherrschen und zu unterdrücken. Aufgrund dieses Sich-selbst-tauglich-Machens für die Gemeinschaft taugt das Ich schließlich zum moralischen Subjekt, und mit dieser ,Tugend' ist eine andere Vorstellung von Glück verbunden, die Vorstellung eines Glücks, das in quantitativer Hinsicht unermeßlich ist, da es sein Maß in sich selbst hat. Dieses nicht bloß mit den Sinnen gemessene Glück vollendet sich in der Anerkennung, die ihm von seiten der geistigen Vermögen zuteil wird, deren erkenntnis- und handlungsbegründende Leistungen das ihre zur Erzeugung dieses Glücks beigetragen haben.

Auf der Ebene der Moral als gelebtem Ethos und der davon unablösbaren ethischen Reflexion auf Gut und Böse als jenen

Grundkategorien, mittels welcher das Gesollte und alle in gleicher Weise Verpflichtende vom Nichtgesollten geschieden wird, ist der Mensch als ein autonomes Wesen konzipiert, das im Bewußtsein seiner Freiheit sich an Normen und Werten orientiert, die selbst gesetzt sind, doch so, daß die individuellen Freiheitsakte fremde Freiheit weder behindern noch verhindern. So verstanden wird Freiheit selber zum höchsten Gut und Unfreiheit zum größten Übel. Die Konzeption freier Subjekte auf der Ebene der Moral ist jedoch keine Tatsachenbeschreibung, sondern unaufhebbar ein normatives Konstrukt, dem imperativischer Charakter zukommt. Denn der Mensch wird nie aufhören, auch ein Naturwesen zu sein, dessen Bedürfnisstruktur es dazu antreibt, unaufhörlich nach Lust zu streben. Der Konflikt zwischen naturwüchsigem Begehren und den Ansprüchen der Moral muß daher immer wieder von neuem gelöst werden, anstatt daß auf der Basis eines Grundsatzurteils einseitig entweder zugunsten der Sinnlichkeit oder des Geistes entschieden wird. Denn die unterdrückte Sinnlichkeit kann ebenso zu einer Quelle des Bösen werden wie der um seine eigenen Zielsetzungen gebrachte Geist. Erfüllung findet „der erste Freigelassene der Natur" (Herder) weder in bloß sinnlicher noch in rein geistiger Befriedigung. Das Gute liegt in der Mitte, wobei die eigentliche Anstrengung des Existierens als Mensch gerade darin besteht, diese Mitte je und je als gelebten Augenblick konkret hervorzubringen.

Erich Fromm hat das Verfehlen dieser Mitte und damit das Scheitern eines Menschen dem Destruktionstrieb zugeschrieben, den er im Unterschied zu Freud nicht für angeboren hält, sondern für eine ursprüngliche Kraft, die erst durch ungünstige Umstände zerstörerisch wird.

Der Destruktionstrieb ist die Folge eines ungelebten Lebens. Die individuellen und gesellschaftlichen Bedingungen, die eine solche Blockierung der lebensfördernden Energie bewirken, bringen den Destruktionstrieb hervor, der seinerseits zur Quelle der verschiedenen Manifestationen des Bösen wird. [...] Vorausgesetzt, unsere Annahme wäre richtig, daß der Destruktionstrieb eine sekundäre Potentialität im Menschen ist, die nur dann in Erscheinung tritt, wenn ihm die Verwirklichung seiner primären Potentialität nicht gelingt, dann wäre damit erst einer der Einwände gegen die humanistische Ethik beantwortet. Wir haben dargelegt, daß der Mensch nicht zwangsläufig böse ist, sondern nur dann böse wird, wenn die für sein Wachstum geeigneten Bedingungen fehlen. Das Böse führt kein unabhängiges Eigenleben; es ist das Nicht-vorhandensein des Guten, das Scheitern eines Verwirklichungsversuchs. (*Psychoanalyse und Ethik*: 234, 236)

Aus soziologischer Sicht trägt das gesellschaftliche Umfeld mindestens eine Mitschuld, wenn nicht gar die ganze Schuld am Scheitern von Menschen, sofern die repressiven Strukturen des sozialen Systems eine freie, individuelle Selbstentfaltung unmöglich machen. So erhebt Herbert Marcuse den Vorwurf, daß „die Abhängigkeit von einem ausbeuterischen Apparat" die Individuen ewiger Knechtschaft unterwirft und sie damit der Freiheit beraubt, ihre Bedürfnisse und die Mittel zu deren Befriedigung selbst zu bestimmen (*Versuch über die Befreiung*: 16). Das Leistungsprinzip als Stellvertreter des Realitätsprinzips untersagt alle freien Kreationen und Produktionen, die kraft des Lustprinzips ästhetisch-künstlerisch um keines allgemeinen Nutzens, sondern ausschließlich um ihrer selbst willen in einem realitätsfernen, ‚idealen' Raum inszeniert werden. Um alle Kräfte im Dienst einer auf Besitzvermehrung und Wettbewerb ausgerichteten kapitalistischen Gesellschaft zu kanalisieren, werden davon abweichende, nicht durch den Nutzenkalkül genormte Verhaltensweisen, insbesondere die im Bereich der Sexualität ausgeübten, als Pervertierungen des Guten deklariert.

In einer verdrängenden Sozialordnung, die die Gleichsetzung von normal, gesellschaftlich nützlich und gut fordert, müssen die Manifestationen der Lust um ihrer selbst willen als „Blumen des Bösen" erscheinen. (*Triebstruktur und Gesellschaft*: 54)

Dieser „reaktionären" Gewalt kann laut Marcuse nur mit „revolutionärer" Gewalt wirksam begegnet werden, obwohl er aus ethischer Perspektive einräumt: „beide Formen der Gewalt sind unmenschlich und von Übel – aber seit wann wird Geschichte nach ethischen Maßstäben gemacht?" (*Repressive*

Toleranz: 114). Mit dieser Frage versucht Marcuse, das revolutionäre Böse vom Rechtfertigungsdruck zu entlasten, mit dem Argument, daß die geschichtlich gewachsenen gesellschaftlichen Verhältnisse unter Bedingungen entstanden sind, die sich schierer Machtausübung verdanken und eine normative Kraft des Faktischen erzeugen, deren Zwangscharakter jeder moralischen Grundlage entbehrt. Der Kampf gegen dieses repressive, die Freiheit der sozialen Individuen massiv unterdrückende strukturelle Böse ist nach Marcuse nicht nur legitim, sondern geradezu eine moralische Notwendigkeit, und selbst wenn in diesem Kampf zu Mitteln gegriffen wird, die ebenfalls repressiv sind und damit böse, ist dies entschuldbar, da vermittels dieses Bösen ein noch Böseres eliminiert werden soll. Die revolutionäre Gewalt ist ein vorübergehend Böses, da sie – die Befreiung aller als das Gute unverrückbar im Auge behaltend – die dieses Ziel verleugnende und Unfreiheit strukturell im System festschreibende Gewalt ausmerzen will.

Die These, daß allein die Gesellschaft verantwortlich ist für das Böse, hat Arno Plack in *Die Gesellschaft und das Böse* noch weiter plausibel zu machen versucht, indem er aufweist, daß die herrschende Moral alles andere als ein Regelkodex von Gleichen für Gleiche ist, sondern ganz im Gegenteil ein Mittel der Herrschaft von Herren über Beherrschte. Das Konkurrenzsystem zwinge zum Erfolg und zu einem Leben aus zweiter Hand, da die geltenden Standards für Wirtschaft und Konsum zum Maß aller Dinge avancierten, so daß niemand sich mehr an seinen eigenen Bedürfnissen orientieren könne. Die Folgen sind ein Verlust an Kreatürlichkeit, Verdrängung des Todes und der Sexualität, Heuchelei, Lieblosigkeit, Verharmlosung der Grausamkeit, Kriegsverherrlichung. Für Plack ist eine Moral, die die geistigen Bedingungen für eine solche Perversion der menschlichen Natur bereitstellt, das eigentlich Böse, zumal sie durch ihre Moralapostel dafür sorgt, daß die ‚gesunden‘ vitalen Antriebskräfte für böse erklärt und unterdrückt werden. Plack möchte die lust- und lebensfeindliche herrschende Moral, die „das Böse in seinem Kern“ ist (*Die*

Gesellschaft und das Böse: 349) durch eine andere, angemessenere, auf eine wissenschaftliche Ethik gegründete Moral ersetzen:

> Eine wissenschaftliche Ethik hat sich nicht dafür zu interessieren, wie dem Einzelnen noch besser, noch wirkungsvoller „das Gute" gepredigt oder gar „eingepflanzt" werden kann, sondern dafür, *wie die soziale Ordnung beschaffen sein muß, in der ursprüngliche Menschenliebe nicht faktisch bestraft wird* – durch Mißerfolg oder Isolierung. Ethik als Wissenschaft, als Wissenschaft von den Bedingungen der Liebe, hat es mit der Gesellschaft zu tun und mit der ursprünglichen Natur des Menschen, die ja nicht böse sein kann, es sei denn, man bewertete sie nach Kriterien, die nicht aus ihr selber stammen. [...] Wissenschaftliche Ethik setzt nicht auf die „Willigkeit" des Individuums, sondern auf seine Einsicht in die Lebensbedingungen der Gemeinschaft. (Ebd., 339)

Plack unterstellt, daß ein Mensch mit gesund entwickelten Trieben überhaupt nicht böse sein kann. Schuld an den vielfältigen Erscheinungsformen des Bösen in der Welt trägt eine Kultur, die den Trieben keinen freien Lauf läßt, sondern sie durch triebunterdrückende ‚Tugenden' wie z. B. Keuschheit und militärische Tapferkeit so deformiert, daß am Ende nur noch die Selbstzerfleischung oder die Peinigung anderer als lustvoll empfunden wird. Daher müssen die Menschen als erstes mit den Mitteln der Wissenschaft über ihre eigene Natur aufgeklärt werden, damit sie zu unterscheiden lernen

> zwischen dem „Guten", das quasi „kulturbedingt" den Bedürfnissen einer bestimmten Herrschaftsordnung entspricht, und dem, was für die leibhafte Existenz eines jeden Einzelnen unmittelbar *gut* ist. Schlecht, übel, böse in einem ursprünglichen Sinne ist dann auch eine jede noch so hochgehaltene „Tugend", die unter Verlusten an Lebensfreude, Gesundheit und sozialem Frieden dem vitalen Dasein mühsam immer erst abgetrotzt werden muß. [...] Wissenschaftliche Ethik propagiert keine Werte; sie vertraut darauf, daß die menschliche Natur, wenn sie nur in Ruhe gelassen wird und nicht von klein auf verbogen, aus sich selber heraus ein Verhalten entwickelt, das dem Individuum wie der Gemeinschaft am besten entspricht. (Ebd., 342, 345)

Plack geht offenbar im Unterschied zu Freud davon aus, daß das Individuum von Natur aus nicht gewalttätig ist, sondern erst durch die Gesellschaft dazu gemacht wird. Ob Menschen wirklich friedlich miteinander umgehen, wenn man ihnen von Kind an gestattet, ihrer Natur freien Lauf zu lassen, und sie durch keine Verhaltensregeln einschränkt, kann füglich bezweifelt werden, nachdem das Experiment der ‚antiautoritären Erziehung‘ eher die gegenteilige These bestätigt hat. Die Einführung einer Über-Ich-Instanz wurde ja gerade deshalb nötig, weil ‚die Natur‘ ungerecht ist, insofern sie physische Ungleichheiten schafft, durch die die Starken begünstigt und die Schwachen benachteiligt sind. Die Normen, die die Individuen sich selber geben, zielen auf die Herstellung einer moralischen Gleichheit, der gemäß alle menschlichen Wesen als gleichberechtigt und gleichwertig anzuerkennen sind. Dies versteht sich gerade nicht von selbst, weil anfangs das Lustprinzip dominiert und die Berücksichtigung der gleichen Rechte anderer mit Hilfe vernünftiger Überlegungen erst eingeübt werden muß.

Allerdings ist Marcuse und Plack darin Recht zu geben, daß der normative Überbau, mittels dessen eine Gesellschaft ihre Praxis durch Sollensvorschriften reguliert, nicht repressiv werden darf in dem Sinn, daß das Individuum zur Marionette degradiert wird, die als willfähriges Werkzeug den Mächtigen zu Diensten steht. Es liegt nicht im Belieben einzelner, nach Gutdünken festzusetzen, welche Verhaltensweisen als gut und böse zu gelten haben. Dies wäre eine Anmaßung, die Unfreiheit im Schilde führt und damit das Böse in der Tat zur sozialen Grundlage machen würde. Im Unterschied zu den Naturgesetzen sind moralische Regeln bezüglich ihrer Gültigkeit konsensabhängig. Sie bedürfen mündiger Bürger, die um der größtmöglichen Freiheit aller willen bereit sind, ihre Normen, Werte und Tugenden jederzeit zu problematisieren, wenn sich herausstellt, daß sie zu unerträglichen Zwangsmechanismen ausarten.

Die von Psychoanalytikern und Soziologen erzählte Geschichte der Herkunft von Gut und Böse hat den Vorteil, daß die Moral nicht mehr als eine List der Natur beschrieben wird, die – man weiß nicht wie – über eine Kette von Zufällen die menschlichen Lebewesen so ausgestattet hat, daß sie, in der Meinung, nach selbst gesetzten Normen zu handeln, von Genen gesteuert sind und das ihnen von diesen vorgeschriebene Überlebensprogramm erfüllen. Diese empirisch weder zu beweisende noch zu widerlegende Hypothese von der menschlichen Freiheit als Illusion, der zufolge Gut und Böse nur eine Scheinnormativität zukommt, während sie in Wirklichkeit nur naturale Erfüllungsgehilfen der Gene sind, steht jedoch in einem krassen Widerspruch zum Selbstverständnis von ihrer selbst bewußten Individuen, die – wie Descartes überzeugend nachgewiesen hat – selbst dann, wenn ein böser Geist sie in allem, was sie für unumstößlich wahr und gewiß halten, hinters Licht führt, in einem Punkt nicht getäuscht werden können, nämlich in der Einsicht, daß sie selbst es sind, die die Bedingung jeglicher Erfahrung abgeben. Auch wenn ich in allem, was ich erlebe, in die Irre geführt werde, kann ich nicht davon absehen, daß ich die Person bin, die dies alles erlebt und sich ihre Erlebnisse als die ihren zuschreibt (vgl. *Meditationen:* 43 ff.).

Diese Form der Selbstreflexivität, durch die ein menschliches Bewußtsein charakterisiert ist, läßt sich nicht wegdenken, auch nicht von einer naturalistischen Rekonstruktion der genetischen Evolution. Allen Begriffen und Theorien haftet ein uneliminierbares Moment von Reflexivität an, das als logisches Apriori jedweder Äußerung unhintergehbar vorausliegt und sie als eine grundsätzlich ‚anthropologische‘ ausweist, d.h. als eine vom Standpunkt des Menschen ausgehende und auf diesen zurückverweisende Perspektive. Im Unterschied zu den Naturwissenschaftlern, die diese anthropologisch bedingte Perspektivität übersehen oder als methodologisch unerheblich aus ihren ‚objektiven‘ Überlegungen ausklammern, nehmen Psychoanalyse und Soziologie darauf Bezug, indem sie die Geschichte der Menschwerdung als einen Prozeß beschreiben, an dem nicht nur die Natur, sondern auch der Mensch selber beteiligt ist. Dieses Beteiligtsein – wie rudimentär es anfangs auch gewesen sein mag – impliziert, daß die Evolution des ‚Mensch‘ genannten Wesens nicht ohne dessen

Zutun vonstatten gegangen ist. Vielmehr hat es von Beginn an seine Entstehungsgeschichte reflexiv begleitet, zuerst in dunkler, mythisch verschlüsselter, bildhaft-symbolischer Form, dann in zunehmend abstrakter werdender Begrifflichkeit.

Das bedeutet nun nicht, daß der Mensch den Übergang von der Tier- zur Menschenstufe bewußt erlebt hat und deshalb mit wissenschaftlichen Kategorien nacherzählen kann. Gemeint ist nur, daß wir – wenn wir ‚Mensch' sagen – jene mit Selbstreflexivität oder Ichhaftigkeit umschriebene Struktur unterstellen, die die Verrichtungen solcher Lebewesen als ‚humane' charakterisiert, unabhängig davon, ob sie als solche gewußt ist oder nicht. Was immer der Mensch (empirisch) gewesen sein mag, bevor er Mensch war: Vom Menschen als Menschen kann nur unter Bezugnahme auf ein Wesen die Rede sein, das eine Vorstellung von sich hat bzw. eine solche im Verlauf seiner Entwicklung zu bilden vermag. Worin diese das Lebewesen Mensch prägende Form der Selbstbezüglichkeit, insbesondere die Bezugnahme auf das Handeln unter dem Gesichtspunkt von Gut und Böse, ihren Ursprung hat, erklären Psychoanalyse und Soziologie nicht biologisch im Rückgriff auf eine natürliche Ursache, sondern historisch im Rückgriff auf eine menschliche Urtat. An die Stelle des Evolutionsmodells, das die Spezies Mensch in einem vorgegebenen Kausalzusammenhang als Zufallsprodukt lokalisiert, tritt das geschichtliche Modell, das den Menschen durch seine eigene Tat beginnen und sich gleichsam beim ‚ersten' Gebrauch seines Verstandes *ab ovo* verfehlen läßt. Diese Tat, mit welcher der Mensch seiner selbst ansichtig wird, geschieht nicht als einsamer Vollzug im leeren Raum, sondern als gemeinsame Handlung eines Kollektivs.

Während die Psychoanalyse dieses Kollektiv als patriarchal verfaßte Urhorde vorstellt, die ihren vorbewußten, es-haften Status überwindet, indem sie das Gesetz des getöteten Vaters als Über-Ich-Instanz verinnerlicht und ein Ich-Bewußtsein entwickelt, das zwischen natürlichen und normativen Ansprüchen vermittelt, geht die Soziologie davon aus, daß das Individuum immer schon Produkt gesellschaftlicher Verhältnisse ist, die es in seiner Selbstentfaltung fördern oder behindern. Ob jedoch patriarchaler oder gesellschaftlicher Machtapparat das Böse provozieren, ist nur insofern von Belang, als damit eine Entlastung, sozusagen eine Entbösung der Täter signalisiert werden soll. Wenn von einer bösen Tat im ethischen Sinn nur unter der Voraussetzung die Rede sein kann, daß die Tat nicht zwanghaft ausgeführt wurde, sondern im – vielleicht nur geahnten – Wissen um das Unrecht, das mit ihr begangen wird, dann führen Psychoanalyse und Soziologie zu einem paradoxen Ergebnis. Die Psychoanalyse schreibt die Verantwortung und die Schuld für das Böse den Söhnen zu bei gleichzeitiger Ent-schuldung des Vaters, der von seiner Freiheit noch keinen ich-haften Gebrauch machte und mit seinem narzißtischen Phallozentrismus die Entstehung des Bösen zwar begünstigte, aber nicht in einem kausalen Sinn verursachte. Die Soziologie hingegen siedelt das Böse in den selbst gemachten repressiven Strukturen des Kollektivs an und ent-schuldet den einzelnen, der von sich aus nur Anlagen zum Guten mitbringt, deren Entfaltung durch die geltenden handlungsregulierenden Normen systematisch verhindert wird.

Diese paradoxen Schuldzuweisungen sind insofern unbefriedigend, als sie zu einem Phänomen des Bösen führen, das scheinbar voraussetzungslos den menschlichen Handlungskontext neu, jedoch in negativer Weise qualifiziert. Was fehlt, ist nicht – wie die Soziobiologie meint – die Anbindung der Entstehungsgeschichte des Bösen an seine natürliche Vorgeschichte in der genetischen Evolution, sondern der Entwurf des Horizontes, innerhalb dessen das Böse überhaupt erst als solches begriffen werden kann: das Gute, als dessen Perversion sich das Böse herausstellt. Dieses Gute, von dem das Böse seinen logischen Ausgang nimmt, schildert die Theologie, deren Interpretation mit Bezug auf die Erschaffung der Welt durch einen Gott anhebt.

3. Der Mensch: gut oder böse durch ursprüngliche Selbstdetermination?

Im Buch *Genesis* des Alten Testaments wird berichtet, daß alles, was ist, auf Gott als seinen Urheber zurückgeht. Gott ist der Anfang von allem, und dasjenige, was aus diesem Anfang hervorgegangen ist, ist kein Zufallsprodukt, sondern ein Kunstwerk, das von Gott nach einem Plan geschaffen wurde. Da Gott die Schöpfung nicht auf einen Schlag aus sich heraussetzte, konnte er den im Verlauf von sechs Tagen vollendeten Kosmos hinsichtlich des jeweils fertiggestellten Teilstücks daraufhin überprüfen, ob es gelungen war. Nach jeder Etappe vergewisserte er sich, „daß es gut war", um am Ende des sechsten Tages befriedigt festzustellen, daß alles „sehr gut" geworden war. Als letztes hatte Gott die Tiere und schließlich einen Menschen erschaffen. Diesem richtete er als Aufenthaltsort den Garten Eden ein, für dessen Pflege er ihm die Verantwortung übertrug, mit der Aufforderung, alle Früchte als seine Nahrung zu betrachten – mit Ausnahme der Äpfel vom Baum der Erkenntnis des Guten und des Bösen, deren Genuß unter Androhung des Todes untersagt wurde. Dann schuf er noch eine Gefährtin für den einsamen Adam (vgl. AT, Gen., 1–2).

Dies ist die Konstellation, die den Ausgangspunkt für die theologische Geschichte von Gut und Böse bildet. Das Paradies ist der Inbegriff eines schlechthinnigen, unüberbietbaren, gegensatzlosen Guten oder Überguten – noch diesseits jeglicher Differenz von Gut und Böse. Gott trat dem ersten Menschen nicht nur als Urheber alles Seins, sondern auch alles Sollens gegenüber, indem er mittels der Kategorien des Erlaubten und des Verbotenen die Art der Nahrungsaufnahme regelte. Warum er gerade den Baum der Erkenntnis des Guten und des Bösen mit einem Tabu belegte und nicht den Baum des Lebens oder irgendein anderes Gewächs, bleibt offen, denn Gott begründet seine Anweisungen nicht. Als allmächtiges Wesen steht er nicht unter Rechtfertigungszwang. Da man aber davon ausgehen kann, daß er als die Quelle alles Guten keine willkürlichen Anordnungen erläßt, ist anzunehmen, daß er mittels des Verbots die ersten Menschen vor ihnen selber schützen wollte. Aber warum hat er dann überhaupt etwas geschaffen, das für Adam und Eva schädlich sein könnte? Vermutlich ließ es sich nicht vermeiden. Wenn Gott den Menschen als sein Ebenbild wollte, dann ist wohl auch im Original das Gute keine seit Ewigkeit unverrückbar feststehende Eigenschaft des göttlichen Seins gewesen, sondern Resultat einer Leistung: Indem Gott, bevor er die Welt erschuf, sein potentiell Böses überwand und (in Gestalt des Teufels) aus sich ausstieß, brachte er seine Güte allererst hervor, die wiederum als Qualitätsmerkmal in die Schöpfung mit einging. Da er für das ihm ähnlichste Geschöpf nicht weniger wollte als für sich selbst, mußte er die mit der Freiheit verbundene Gefahr der Selbstverfehlung in Kauf nehmen, versuchte aber durch sein Verbot auf sie aufmerksam zu machen.

Wie die Geschichte weiterging, ist bekannt. Ausgerechnet Eva, die das göttliche Verbot nur vom Hörensagen kannte, da sie ja noch nicht existierte, als Gott es erließ, fällt der Verführung durch die Schlange zum Opfer, die Evas Bedenken beschwichtigt und mit dem Versprechen lockt: „ihr werdet sein wie Gott und wissen, was gut und böse ist" (AT, Gen., 3,5). Eva, wohl wissend, daß sie den Willen Gottes mißachtete, biß in den Apfel und reichte ihn an Adam weiter, der ebenfalls davon aß. Die Folgen waren verheerend. Gott vollstreckte sein Urteil, indem er seine Geschöpfe verfluchte und aus dem Paradies verwies. Außerhalb des von selbst fruchtbaren Gartens Eden herrschten Sorgen und Not, der Kampf ums Überleben begann, und mit ihm kamen all die Ängste, Krankheiten und Schmerzen, die als körperliche Übel mit einer endlichen, dem physischen Verfall unterworfenen Existenz verbunden sind. Immerhin wurde Adam dennoch 930 Jahre alt, bevor er starb (Gen., 5,5), aber er mußte schon bei seinen beiden erstgeborenen Söhnen feststellen, daß sich das durch das Urelternpaar in die Welt gebrachte Böse weiter fortzeugte: Kain erschlug seinen Bruder Abel. Die menschliche Bosheit breitete sich schließlich so aus, daß Gott seine Schöpfung bereute

(Gen., 6,7) und alles Lebendige mit Ausnahme von Noah sowie den in der Arche versammelten Familienmitgliedern und Tieren ertränkte, um die Erde von allem Schlechten zu reinigen.

Im Zentrum des Mythos vom Paradies steht der Sündenfall als Ursprung des Bösen. Doch es ist schwer zu verstehen, worin genau die Verfehlung der ersten Menschen besteht, die zwar ihrem Schöpfer nicht gehorchten, aber doch, wenn vielleicht auch leichtfertig und naiv, daran glaubten, etwas zu wissen zu bekommen, das zu wissen sich lohnt. Sie wußten ja noch nicht, was gut und böse ist – außer, daß die Befolgung des göttlichen Gebots gut war und der Verstoß dagegen böse. Was damit jedoch gemeint war, entzog sich ihrem Vorstellungsvermögen, so daß ihnen die Tragweite ihres Handelns und der damit verbundenen Schuld nicht bewußt sein konnte. So gesehen erscheint die Vertreibung von Adam und Eva aus dem Paradies als eine Überreaktion Gottes, die ihren Grund darin haben könnte, daß Gott die Menschen nur als ihm ähnliche, nicht aber als ihm gleiche Wesen wollte: „Siehe, der Mensch ist geworden wie unsereiner, insofern er weiß, was gut und böse ist; nun soll er nicht auch noch seine Hand ausstrecken und vom Baum des Lebens essen und ewig leben!" (Gen., 3, 22).

Selbst wenn man nicht so weit gehen will, Gott eine gewisse Eifersucht auf die Menschen zu unterstellen, sondern annimmt, daß er ihr Bestes wollte, bleibt die Frage, was sie durch den Sündenfall zu wissen bekamen und worin sich ihr Wissen von Gut und Böse von demjenigen Gottes unterschied. Aufschlußreich ist das Bild der Nacktheit, das in positiver und negativer Bedeutung vorkommt. Nachdem Gott Eva aus Adams Rippe geschaffen hat und ihnen verkündet, daß sie „zu einem Fleische werden", heißt es: „Und sie waren beide nackt, der Mann und sein Weib, und sie schämten sich nicht" (Gen., 2, 25). Kaum hatten sie vom Baum der Erkenntnis gegessen, gingen ihnen die Augen auf, und sie entdeckten, daß sie nackt waren, woraufhin sie mit Feigenblättern ihre Blöße bedeckten und sich schamvoll verbargen (Gen., 3,7). Vor dem Sündenfall kannten sie also keine Scham; in ihrer Nacktheit präsentiert sich die Unschuld des Fleisches, das sich in seiner Reinheit dem Blick unverhüllt darbietet. Daß dieselben nackten Körper nach dem Sündenfall mit anderen Augen gesehen werden und dem Blick entzogen werden müssen, deutet darauf hin, daß das Fleisch nun als verdorben erscheint. Dies macht nur dann Sinn, wenn man im Genuß der verbotenen Frucht eine Verabsolutierung des Prinzips der Sinnlichkeit sieht. Die Schlange, als Symbol jenes Begehrens, das in Eva die Lust an dem köstlich aussehenden Apfel weckt, der außerdem auch noch Klugheit verspricht, stellt den naturwüchsigen Trieb in Eva dar, der durch das göttliche Verbot besonders gereizt wird, seinen Anspruch auf Befriedigung geltend zu machen und unter Aufbietung aller Überredungskünste durchzusetzen.

Adam und Eva hätten demzufolge das sinnliche Prinzip dem göttlichen vorgezogen. Aber inwiefern war dies mehr als ein Irrtum, ein Mißverständnis, dem zwei Menschen zum Opfer fielen, die sich mit dem Gebrauch ihrer Freiheit noch in der Experimentierphase befanden? Was rechtfertigt es, ihr Vergehen als so schwerwiegend zu beurteilen, daß es als Sünde und damit als Ursprung des Bösen qualifiziert wird? Vielleicht ist in diesem Zusammenhang der Hinweis auf Freuds Mythos von der Urhorde hilfreich. Darin wurde ja die Ermordung des Urvaters durch seine Söhne als das erste Böse beschrieben. Nun kann man zwar ein allmächtiges göttliches Wesen nicht erschlagen, aber in einem gewissen Sinn haben Adam und Eva Gott getötet, als sie sein Gebot ignorierten. Indem sie ihr Wollen über den göttlichen Willen setzten, verleugneten sie die Instanz, von der sie wußten, daß sie ihnen in jeder Hinsicht überlegen war, und auch wenn sie nicht wußten, was mit gut und böse gemeint war, hätte ihnen das Vertrauen in die göttliche Autorität genügen müssen, um den Baum der Erkenntnis unangetastet zu lassen.

Doch woher hätten sie dann zu wissen bekommen, was Gut und Böse ist? Liegt die Würde des Menschen nicht gerade darin, daß er sein Handeln den ethischen Kategorien des Guten und Bösen unterstellt und damit seine moralische Freiheit bekundet? Wie weiß Gott um diesen Unterschied, wenn nicht durch einen Sündenfall? Begehrte in ihm ein analoges ‚fleischliches‘ Prinzip die Überhand über ein moralisches Prinzip? Hätte er sich vollständig verfehlen und damit endgültig und unumkehrbar verteufeln *können?* Wodurch ist es ihm gelungen, sich für sein Gutes zu entscheiden und dessen absoluten Gegensatz auszuscheiden? Warum ist dies Adam und Eva nicht gelungen? Alle diese Fragen sind spekulativ und bleiben, in der Bibel unbeantwortet, letztlich ein Mysterium. Daher wird von theologischer Seite eingeräumt:

> Das Böse ist und bleibt das große *scandalum,* die Frage nach seinem Woher das eigentliche *tormentum* des Daseins. [...] Der biblische Urmensch als Gottes Geschöpf trägt in sich die Möglichkeit des Bösen. [...] Das Warum der sittlichen Entzweiung bleibt im Dunkel. [...] Weder fremde Mythologie noch die natürliche Spekulation durchdringen das Dunkel. Der theologische Begriff der Zulassung [des Bösen durch Gott] ist keine Antwort auf das Woher und Warum des Bösen. [...] In der dichterischen Darstellung des Bösen pflegt es zu sein wie im realen Leben: Es wird existent am Guten und will so scheinen, wie dieses ist. Als das, was nicht sein soll, erregt es die Frage: Woher? Es ist die negative Rechtfertigung des Guten, das an und für sich und durch sich selbst so ist, daß die Frage befremdet: Wie ist das Gute in die Welt gekommen? (J. Bernhardt, *Das Böse:* 214, 224 f.)

Die Frage, ob Gott alles kann, ob er z. B. das Böse in der Welt hätte verhindern können – wenn ja: warum tat er es nicht; wenn nein: warum konnte er es nicht? – wurde nach Auschwitz und Hiroshima dringlicher als je zuvor. Zwar hatte man schon in den alten Theologenparadoxa – ‚Kann Gott einen Stein schaffen, der so schwer ist, daß er ihn nicht aufzuheben vermag?‘ – an der göttlichen Allmacht gekratzt, aber erst die im 20. Jahrhundert verübten Verbrechen an der Menschheit machten eine Neubesinnung auf die Frage der Mitschuld Gottes am Bösen nötig und legten den „Abschied vom allmächtigen Gott" nahe (Günther Schiwy). Damit scheidet die andere Möglichkeit einer Erklärung des Bösen, nämlich daß Gott zwar allmächtig, aber nicht absolut gütig ist, aus, da die Vorstellung eines das Böse wollenden und absichtlich herbeiführenden Gottes unannehmbarer scheint als

die eines ohnmächtigen, sein Wollen des Guten nicht durch-
setzenkönnenden Gottes. Hans Jonas geht daher davon aus:
„nicht weil er nicht wollte, sondern weil er nicht konnte, griff
er nicht ein"; denn die „Güte, d.h. das Wollen des Guten,
[ist] untrennbar von unserem Gottesbegriff und kann keiner
Einschränkung unterliegen" (*Der Gottesbegriff nach Auschwitz:* 41, 38 f.). Gott wollte das Böse, das er voraussah,
nicht, aber er konnte es nicht verhindern außer um den Preis
der den Menschen geschenkten Willensfreiheit. Obwohl die
Vorstellung eines schwachen, leidenden Gottes durchaus mit
der christlichen Auffassung verträglich ist, daß Christus aus
Liebe zu den Menschen kam und am Kreuz starb, um sie zu
erlösen, hält der neue Katechismus der Katholischen Kirche
an der Allmacht *und* der Güte Gottes fest und bestreitet, daß
Gott in irgendeiner Weise eine Mitschuld am moralisch Bösen
treffe, dessen Urheber allein der Mensch sei.

> So ist das *moralische Übel* in die Welt gekommen, das unvergleichlich
> schlimmer ist als das physische Übel. Gott ist auf keine Weise, weder
> direkt noch indirekt, die Ursache des moralischen Übels. Er läßt es je-
> doch zu, da er die Freiheit seines Geschöpfes achtet, und er weiß auf
> geheimnisvolle Weise Gutes daraus zu ziehen. [...] Der allmächtige
> Gott [...] könnte in seiner unendlichen Güte unmöglich irgend etwas
> Böses in seinen Werken dulden, wenn er nicht dermaßen allmächtig
> und gut wäre, daß er auch noch aus dem Bösen Gutes zu ziehen ver-
> möchte. (130 f.)

Schiwy findet es unbegreiflich, daß Theologen unterschiedlicher Konfessionen Auschwitz, „das bisher Schlimmste aller
moralischen Übel" (*Abschied vom allmächtigen Gott:* 25), als
Mittel zum Guten deklarieren konnten, um gleichsam den
Kontrast zwischen Gut und Böse und damit den Abstand zwischen Gott und Mensch sinnfällig vor Augen zu führen. Diese
Positionen, die die Schuld Gottes am Zustand seiner Schöpfung verdrängen (Günther Anders) oder im Beharren auf der
göttlichen Allmacht die Übernahme der Verantwortung für
das Böse geradezu als Stärke auslegen (Walter Gross und
Karl-Josef Kuschel), sind für ihn antiquiert, „weil sie weder
dem Grad der menschlichen Bosheit noch dem Grad der gött-

lichen Ohnmacht, wie sie sich in Auschwitz offenbart haben, ‚gerecht' werden" (ebd., 30). Es gilt also, angesichts der unermeßlichen Leiden, die Menschen ihren Mitgeschöpfen angetan haben und nicht aufhören anzutun, die These von der Allmacht Gottes zu problematisieren und als eine politisch befruchtete „Männerphantasie" zu entlarven, die Macht als das höchste Gut erachtet. Mit Pierre Teilhard de Chardin plädiert Schiwy für einen Gott der Evolution, dessen Schöpfung noch im Werden begriffen ist (ebd., 73 ff.) und als noch nicht abgeschlossener Prozeß auf ihre Vervollkommnung zusteuert. „Die Evolution als Gabe Gottes wird zur Aufgabe des Menschen" (ebd., 87), der die Verantwortung trägt für den Ausgang des kosmischen Experiments, in dessen Verlauf der das Liebesabenteuer des sich selbst entmachtenden und zugleich die Menschen zur Freiheit ermächtigenden Gottes seinen Lauf nimmt – nicht auf einer bereits fixen, vorgezeichneten Bahn, die aller menschlichen Bosheit zum Trotz zum happy end führt, sondern auf gefährlichen Pfaden und sich verlaufenden Holzwegen, die das Unternehmen Evolution auch zum Scheitern bringen könnten. Selbst wenn Gott nicht ein Ende mit Schrecken, sondern einen guten Ausgang voraussieht, müssen für ihn, der unablässig das Gute will, die Irrwege, die die von ihm autorisierten Menschen in Verfolgung ihrer eigenen Ziele einschlagen, ein Schrecken ohne Ende sein.

Die Herkunftsgeschichte von Gut und Böse, wie sie aus theologischer Perspektive erzählt wird, hat gegenüber dem evolutionsbiologischen, dem psychoanalytischen und dem soziologischen Versuch einer Klärung den Vorteil, daß das Problem des Auftauchens von normativen Bestimmungen in einem als durch und durch natürlich begriffenen, insofern nichtnormativen Kontext entfällt. Wenn am Anfang aller Dinge eine schlechthin gute normgebende Instanz steht, die Gut und Böse als Richtlinien für menschliches Handeln vorgibt, dann erübrigt sich die Frage nach der Entstehung des Sollens aus einem Sein. Allerdings handelt man sich nun zwei neue Probleme ein: (1) Wie läßt sich die Naturgeschichte des Menschen in seine Sollensgeschichte integrieren? (2) Wie kann

aus etwas schlechthin Gutem sein absolutes Gegenteil, nämlich das Böse als das Widergute hervorgehen?

Die erste Frage beantwortet die Bibel in der Schöpfungsgeschichte: Gott ist nicht nur Urheber des Sollens, sondern auch
des Seins. Doch spitzt sich damit die ganze Problematik auf
die zweite Frage zu. Wenn Gott allmächtig und allgütig ist,
bleibt die Frage der Herkunft des Bösen, dessen Faktizität unbestreitbar ist, unerklärt, denn aus einem unüberbietbar Guten, der auch das von ihm Geschaffene als etwas Gutes inten-
diert hat, kann nichts Böses entstehen. Den Menschen als
alleinigen Urheber des Bösen hinzustellen, bedeutet daß man
noch außergöttliche Einflüsse oder Determinanten annimmt,
was jedoch der Ausgangshypothese widerspricht, daß Gott
der absolute Anfang von allem ist. Wenn Gott nicht allmächtig ist in dem Sinn, daß er die Welt zwar zu erschaffen vermag, aber aufgrund seiner Güte den Menschen die Freiheit
zur Selbstbestimmung und damit die Verfügungsmacht über
sie aus der Hand gibt, dann bleibt wiederum unbegreiflich,
warum die Menschen einen anderen Gebrauch von ihrer Freiheit machen als der Schöpfer. Die letzte Möglichkeit, die Faktizität des Bösen zu erklären, scheitert daran, daß die Annahme eines ohnmächtigen Gottes, der nicht mit einem Schlag
fertig ist, sondern ein Gott in der Evolution, auch die Güte
Gottes beeinträchtigt. Denn ein Gott, von dem nicht feststeht,
ob er am Ende seines Entwicklungsganges, in welchem er auf
die Mithilfe der Menschen angewiesen ist, wirklich als Gott
zu seiner Vollendung gelangt, ist ein Gott, dessen Güte sich
erst im Verlauf der Geschichte herausstellen wird, genauer:
am Ende der Geschichte, wenn er – *als* Gott existent geworden oder untergegangen – Bilanz zieht, was aus seiner ursprünglich guten Absicht an positiven und negativen Neben-
folgen herausgekommen ist. Im Jüngsten Gericht müßte Gott
deshalb nicht über die Menschen, sondern über sich selbst zu
Gericht sitzen und in einem gerechten Urteil seine Fehler gegen seine Verdienste abwägen. Dabei wäre Auschwitz zweifellos mehr als eine bloße Panne, selbst wenn man Gott zugute hält, daß er ein Verbrechen dieser Größenordnung nicht

gewollt hat. In einem menschlichen Gericht würde das Urteil milder ausfallen, wenn der Nachweis erbracht werden kann, daß der Angeklagte die schrecklichen Folgen seiner Tat nicht nur nicht gewollt hat, sondern nach menschlichem Ermessen auch nicht voraussehen konnte. Aber kann man diesen schuldmindernden Grund auch für Gott geltend machen? Dies würde bedeuten, daß man ihm außer der Allmacht auch die Allwissenheit absprechen müßte. Übrig bliebe ein Gott, der nichts als pure Güte ist – ohne Macht, das Gute durchzusetzen, und ohne Wissen davon, was aus ihm und seiner Schöpfung wird.

Aber auch aus menschlicher Sicht ist diese Hypothese eines werdenden Gottes unbefriedigend, weil die Entlastung der Menschen von jeglicher Verantwortung und damit vom Bösen im Widerspruch zu ihrer Freiheitserfahrung steht. Ihrer selbst bewußte Lebewesen schreiben sich persönliche Verantwortung zu und begreifen sich damit als Urheber des Guten wie des Bösen – unabhängig von naturalen und religiösen Bestimmungen, die eine *absolute* Freiheit für bedürftige, endliche Wesen ausschließen, sehr wohl aber *moralische* Freiheit im Sinne praktischer Selbstbestimmung zulassen.

Laktanz ein nordafrikanischer christlicher Schriftsteller des 3. Jahrhunderts, faßt die Theodizee-Problematik folgendermaßen bündig zusammen:

> Entweder will Gott das Böse aus der Welt nicht entfernen und kann es nicht, oder er kann es und will es nicht, oder er kann es nicht und will es nicht, oder endlich will und kann er es. Will er es und kann es nicht, so ist das ein Unvermögen, was dem Wesen Gottes widerspricht; kann er es und will es nicht, so ist es Bosheit, die seiner Natur nicht minder widerspricht; will er es nicht und kann er es auch nicht, so ist es Bosheit und Unvermögen zugleich; will er es aber und kann er es auch (was der einzige von allen Fällen ist, der dem Wesen der Gottheit entspricht): woher kommt dann das Böse auf Erden? (*Vom Zorne Gottes:* 13).

Dieses Dilemma klingt schon in den beiden Versionen des alten Mythos von der Büchse der Pandora mit an. Zeus beauftragte Hephaistos und Athene, eine weibliche menschliche

Gestalt zu erschaffen. Ihr Name war Pandora, da sie mit den Gaben sämtlicher Götter versehen wurde. Epimetheus nahm sie trotz aller Warnungen bei sich auf, und dadurch gelang es ihr, das Böse.auf die Welt zu bringen. Gemäß der einen Version entwichen die göttlichen Gaben, als sie den Deckel ihrer Büchse öffnete, und kehrten bis auf die Hoffnung zu ihren Spendern zurück, mit dem Ergebnis, daß die Menschen des Guten beraubt waren. Nach der anderen Version brachte Pandora in ihrer Büchse alle Übel mit und ließ diese auf der Erde entweichen. In beiden Fällen sind die Götter mitverantwortlich für das Böse, im ersteren, insofern sie es zulassen, daß den Menschen das Gute genommen wird, im letzteren, insofern sie veranlassen, daß das Böse über die Erde verstreut wird.

III. Philosophische Deutungen
von Gut und Böse

Schon die antiken Philosophen haben sich Gedanken über das Böse gemacht, dessen Tatsächlichkeit sie nicht leugneten und doch nicht erklären konnten, da sie den Kosmos als vollendetes, harmonisches Ganzes begriffen, in welchem eigentlich kein Platz für Widriges, Schlechtes, Ungeordnetes, Formloses – Böses war. Als Urheber des Bösen kam für sie nur der Mensch in Frage, der irgendwie aus der kosmischen Ordnung herausgefallen war und dabei die Orientierung verloren hatte. So schildert Platon im *Phaidros*-Mythos (246a–248e), daß sich die Seelen ursprünglich im Uranós aufhielten, wo sie in Gemeinschaft mit den Göttern der Schau der Ideen teilhaftig wurden. Diese Ideenschau ist jedoch nicht im Sinne eines meditativen Sichversenkens in das Wahre, Gute und Schöne an sich zu verstehen, sondern als eine dynamische, prozessuale Aneignung von Sinnvorstellungen. Daher schildert Platon den Vorgang ideellen Schauens als einen Bewegungsablauf, indem er die Seelen über das Himmelsgewölbe fahren und dabei das wahrhaft Seiende erblicken läßt, das sie vollkommen erfüllt. Die menschlichen Seelen sind jedoch nicht wie die der Götter eine zusammengewachsene Kraft, sondern in sich dreigeteilt. Platon vergleicht sie mit einem Rossegespann, das aus einem gehorsamen und einem ungebärdigen Pferd besteht, die von dem Lenker unter Aufbietung aller seiner Kräfte auf dem rechten Weg gehalten werden müssen. Wenn er die Zügel lockert und das wilde Pferd die Oberhand gewinnt, verliert das Gespann den Kurs und stürzt ab. Die gefallene Seele findet sich in einem Körper wieder, da ihr vernünftiger Teil den begehrlichen Teil nicht zu beherrschen vermochte und diesem damit den Sieg über den vernünftigen und den besonnenen Teil ermöglichte. Das materielle Begehren zog die Seele hinab in die Niederungen der stofflich-vergänglichen Dinge, die das äußerste Gegenteil zu den ewig gültigen geistigen Sinngehalten der Ideen am überhimmlischen Ort darstellen.

Dieser kosmische Unfall passiert unvorhersehbar; er stößt der Seele zu, ohne daß dadurch das Rätsel des Bösen wirklich gelöst wäre, denn der Grund für die ‚schlechtere‘ Ausstattung der menschlichen Seelen mit Affekten, die es ihr schwer machen, ausschließlich ihren Vernunftantrieben zu folgen, bleibt ebenso im dunkeln wie die Ursache für den tatsächlichen Absturz in die Materie. In einem anderen Mythos – dem Mythos von der Wahl des Lebensloses am Ende des Dialogs *Politeia* (617 d–621 d) – bürdet Platon nicht dem Schicksal, sondern dem Menschen die Schuld für sein irdisches Dasein auf. Das Leben in einem Körper ist nämlich die Strafe dafür, daß es der Seele im vorhergegangenen Leben nicht gelungen ist, sich von ihren materiellen Begierden abzulösen und mittels geistiger Betätigungen – durch dialektische Ausübung der Wissenschaften vom reinen Logos sowie durch Einübung in tugendhaftes Verhalten – ihre Vernunft zu aktualisieren. Doch bekommt die gescheiterte Seele, bevor sie wieder eingekörpert wird, erneut die Chance, es das nächste Mal besser zu machen, insofern sie ihre neue Lebensform unter verschiedenen Mustern auswählen kann, wobei die Skala vom Tyrannen bis zum Philosophen reicht. Entscheidend für ihre Wahl ist, daß sie die vor ihr ausgebreiteten Schicksale im Licht ihrer Erfahrungen aus den bereits gelebten Leben treffen soll. Gefragt ist also praktische Urteilskraft, die die angebotenen Muster am Maßstab des moralisch Guten eingehend überprüft und eine vorschnelle Entscheidung für Macht, Ruhm und Reichtum, bei der versäumt wird, gleichsam auf das Kleingedruckte zu achten, verhindert. Die Seelen tragen die alleinige Verantwortung dafür, wie sie vom Maßstab des Guten bei der Wahl ihres künftigen Lebens Gebrauch machen, und dies wird ihnen vorher ausdrücklich eingeschärft, mit dem Hinweis darauf, daß ein Dämon als unerbittlicher Vollstrecker ihres Schicksals für die Unveränderlichkeit des einmal Beschlossenen sorgen wird:

Eintägige Seelen! Ein neuer todbringender Umlauf beginnt für das sterbliche Geschlecht. Nicht euch wird der Dämon erlosen, sondern ihr werdet den Dämon wählen. Wer aber zuerst gelost hat, wähle zuerst die Lebensbahn, in welcher er dann notwendig verharren wird. Die Tugend ist herrenlos, von welcher, je nachdem jeglicher sie ehrt oder geringschätzt, er auch mehr oder minder haben wird. Die Schuld ist des Wählenden; Gott ist schuldlos (*Politeia:* 617 d–e).

In Platons mythischen Berichten über den Ursprung des Bösen zeichnen sich bereits drei Typen des Bösen ab, die fortan als metaphysisches Übel *(malum metaphysicum),* als moralisches Übel *(malum morale)* und als körperliche Übel *(mala physica)* bezeichnet wurden. Der jeweils entgegengesetzte Begriff eines metaphysisch, moralisch und physisch Guten *(bonum)* diente dabei als vorausgesetzte Norm, die durch das Böse negiert bzw. pervertiert wird. Die Ratlosigkeit, die Platon und nach ihm sein Schüler Aristoteles hinsichtlich der Erklärung des Bösen unter Zugrundelegung eines ursprünglichen, gegensatzlos Guten bekunden, zeigt sich darin, daß sie unterstellen, niemand tue *wissentlich* Böses. Böswilligkeit in dem Sinn, daß jemand absichtlich etwas tut, von dem er *weiß,* daß es nicht gut ist, ist dem Griechen fremd. Daher sind Platon und Aristoteles der Meinung, die Menschen handelten irrtümlich, in Unkenntnis des Guten schlecht, und sobald man sie über ihren Irrtum aufgeklärt hätte, würden sie von selbst das Gute tun. Man könne das Böse nicht *als* Böses begehren, sondern immer nur als ein mißverstandenes (falsches) Gutes. Das einmal als das Böse Erkannte läßt, da nicht begehrenswert, kein Streben zu, sondern nötigt zur Flucht davor.

1. Metaphysische Deutungsmuster

Metaphysische Konstrukte sind Gesamtentwürfe von Welt, in welchen das ebensosehr ontologische wie epistemologische Prinzipiengefüge entwickelt wird, das dem Sein und der Erkenntnis der Dinge zugrundeliegt. Es geht der Metaphysik demnach nicht um Einzeldinge, sondern um die Rekonstruktion von Prinzipien, die *allen* Dingen als Gründe ihres Seins, ihres Werdens, ihrer Veränderungsprozesse und Bewegungsabläufe sowie ihrer Erkennbarkeit unterstellt werden müssen. Das lateinische Wort *principium* (griech. archē) bedeutet Anfang: Entsprechend zielt das metaphysische Denken auf die Anfänge des Seins und des Wissens als jene Voraussetzungen, ohne die eine gehaltvolle (objektive) Rede von dem, was ist, nicht möglich wäre. Mit Prinzipien sind daher keine empirischen Anfänge (Ursachen) gemeint, sondern kategoriale Bedingungen, unter denen sämtliche „ist"-Aussagen, einschließlich die Gesetzesaussagen in den Naturwissenschaften, a priori stehen.

Das metaphysische Prinzipiengefüge repräsentiert das kosmische Ganze in *formaler* Gestalt und reduziert damit die als solche unüberblickbare *materiale* Vielfalt auf möglichst wenige Voraussetzungen, die ihrerseits durch ein Letztprinzip (Monismus) oder zwei nicht mehr aufeinander rückführbare, entgegengesetzte Prinzipien (Dualismus) begründet sind. Während Gut und Böse in einem monistischen System ein unlösbares Problem darstellen, ist für sie in einem dualistischen System zwar Platz, aber um den Preis, daß die Welt in sich zerrissen ist und nur noch über äußerst gewagte spekulative Annahmen als ein zusammenhängendes Ganzes zur Einheit gebracht werden kann. Das metaphysisch Gute und Böse läßt sich deshalb nur in Form einer Problemanalyse erörtern. Es gibt keine Lösung, und doch kann auf die Begriffe nicht verzichtet werden.

Monistische Modelle

Beginnen wir mit dem monistischen Modell. Plotin (3. Jahrhundert nach Christus) versuchte in seiner sogenannten Emanationslehre, alles Seiende aus einem transzendenten göttlichen Einen abzuleiten, indem er dieses als absolute Fülle dachte, in welcher ursprünglich alles ungeteilt und differenzlos beisammen ist. Diese Fülle in Gott war so überreich, daß sie die Einheit sprengte. Gott floß gleichsam über und aus: er emanierte. Man sieht eine gewisse Nähe zum christlichen Schöpfungsgedanken, aber auch zur Evolutionstheorie, die als Anfang des Universums ebenfalls eine Art Explosion annimmt, mit dem Unterschied, daß der Urknall, durch den die

‚präbiotische Suppe' auseinanderfliegt und das Weltall entsteht, nach Analogie eines siedenden Dampfkessels als ein kausalmechanisches Geschehen vorgestellt wird, während die Überfülle des Einen ein Erzeugnis göttlicher Energeia ist, die sich um ihrer selbst willen verströmt. Entsprechend schildert Plotin eine umgekehrte Evolution, in deren Verlauf keine Entwicklung zu immer reflektierteren, ihrer selbst bewußter werdenden Lebewesen stattfindet, sondern eine Abnahme von Reflexivität zu konstatieren ist, je weiter sich das aus Gott Ausgeflossene von seinem Ursprung entfernt. Der von oben nach unten im Sinne einer Abstiegsbewegung erfolgende Prozeß der Emanation kommt jeweils auf verschiedenen, von Plotin als Hypostasen bezeichneten Stufen der Gesamtwirklichkeit zum Stehen. Zuerst entsteht der göttliche Geist, dann die Weltseele, schließlich die lebendige Natur und als letztes die formlose Materie. Mit zunehmender Materialisierung geht ein proportionaler Verlust des Geistig-Immateriellen Hand in Hand, so daß am Ende der Emanation dem in sich lichten Ausgangspunkt die unerleuchtete Materie als Inbegriff des Bösen gegenübersteht (vgl. *Enneade* V, 2).

Plotin macht den Grad des Mangels an Gutem, den die Hypostasen aufweisen, an ihrer Fähigkeit fest, sich auf ihren Ursprung zurückzuwenden und sich in der Bewegung von unten nach oben durch Entmaterialisierung (Abstraktion) wieder so zu vergeistigen, daß sie mittels der einheitsstiftenden Kraft der nächsthöheren Hypostase den Weg zurück in die Einheit mit Gott finden. Je materieller die Dinge geworden sind, desto schwerer fällt es ihnen, sich umzuwenden und sich im Absolut-Ersten als ihrem Ursprung wiederzuerkennen. Die Materie als gänzlich unflexible amorphe Masse entbehrt des Einen, Göttlichen, ist dessen radikales Gegenteil. Der Mensch als Zwischenwesen befindet sich in der Mitte der Stufenleiter: Sein Geist drängt nach oben zum Einen, sein Körper zieht ihn nach unten zur Materie und damit in die Zerstreuung.

Die Seele als der Ort, an welchem diese entgegengesetzten Strebeweisen auseinandergehen, gibt den Ausschlag für die Tendenz zum Guten oder zum Bösen. Plotin schildert die unaufhörliche Vermittlungsleistung der Seele als eine Bewegung, die ihren Ursprung in sich selbst hat: Die Seele vollzieht ihre Tätigkeit in Form einer Kreisbewegung derart, daß sie mit Blickrichtung nach innen, auf ihren beharrenden Mittelpunkt, sich als Geist bzw. als Selbstbewußtsein aktualisiert. Blickt sie nach außen, gewissermaßen von sich selbst weg auf die Peripherie des von ihr beschriebenen Kreises, so erblickt sie aufgrund ihrer ständigen Bewegung in jedem Augenblick etwas anderes, und so zerfällt ihr der eine Mittelpunkt in eine unendliche Vielheit, deren Einheit und Zusammenhang sie nur herzustellen vermag, indem sie sich wieder auf ihren Mittelpunkt zurückwendet und sich mittels ihres geistigen Vermögens auf ihre Herkunft aus dem Absolut-Ersten als Bedingung von Einheit schlechthin besinnt. Solange es der Seele gelingt, das Viele mit dem Einen in ihrem Zentrum zu verknüpfen, erfüllt sie ihr Maß. Verliert sie sich jedoch an das Viele, sinkt sie zu bloßer Wahrnehmung und sinnlichem Begehren herab, die nur noch materielle Erfüllung wollen, bis sie schließlich, vollständig in die Materie verstrickt, bewegungsunfähig wird und im Zustand des Bösen verharrt. Während das Gute als identitätsstiftende Qualität zum Wesen der Seele gehört, zerstört das Böse dieses Wesen, indem es die Identifikation mit dem Einen durch Trägheit verhindert (vgl. *Enneade* VI, 9).

An Plotins Modell läßt sich das Dilemma einer monistischen Metaphysik in bezug auf die Erklärung der Herkunft von Gegensätzen am Beispiel von Gut und Böse eindrücklich demonstrieren. Wenn alles, was ist, aus dem Einen durch Emanation hervorgegangen ist, und wenn dieses Eine als in sich gegensatzloses Übergutes vorgestellt wird, dann kann es nichts Böses geben, weil aus etwas schlechthin Gutem dessen absolutes Gegenteil nicht widerspruchsfrei hergeleitet werden kann. Letztlich spitzt sich das Problem auf die Frage zu, inwiefern die im Universum veräußerte und zerstreute Fülle mit der im göttlichen Einen noch ungeschiedenen, differenzlosen Fülle nicht identisch ist. Offenbar vermindert sich die Qualität dieser Fülle im Prozeß des Ausfließens, sei es, weil der Gott sie nicht bei sich zu behalten vermochte, sei es, weil ihm die Kontrolle über das aus ihm Ausgeflossene entglitt. Trotzdem bleibt es unerklärlich, wieso am Ende der göttlichen Selbstentäußerung die Materie als gleichsam vom Geist verworfene, ausgestoßene Schlacke zu stehen kommt, wenn doch im Ursprung alles gut war. Nimmt man hingegen an, daß im Ursprung das Böse schon latent vorhanden war und im Verlauf der Emanation dann zutage trat, kann die Rede von einem überguten Einen nicht mehr aufrecht erhalten werden, und damit würde der Gottesbegriff hinfällig.

Plotin behilft sich in diesem Dilemma mit dem Ausweg, daß er dem Bösen kein (wahres) Sein zugesteht. Da es keinen anderen Ursprung als das göttliche Eine gibt und aus diesem nichts Böses hervorgegangen sein kann, folgt daraus, daß das Böse nicht ist. Wenn aber das Böse nicht im eigentlichen Sinn ist, muß geklärt werden, was dieses Nichtsein bedeutet und inwiefern es dennoch in der Welt ist. Plotin versucht eine solche Klärung, indem er im Einen nicht nach der realen Ursache, sondern nach der logischen Bedingung fahndet, durch die das Böse (denk-)möglich wird. Diese Bedingung findet er in der Energeia, in der Tätigkeit des Einen. Indem das Eine *sich* produziert, setzt es eben damit unvermeidlich eine Zweiheit, einen Gegensatz in sich selbst: den von Produzierendem und Produziertem. Das sich selbst erzeugende Eine setzt sich als mit sich Identisches und zugleich als von sich Verschiedenes: Es ist es selbst und doch nicht es selbst. Damit aber ist die Negation in die Welt gekommen, denn dieses Verhältnis von Identität und Differenz, von Position und Negation setzt sich auf allen Stufen der Emanation fort. Solange es jeweils gelingt, den Gegensatz energetisch zusammenzuhalten, ist alles gut. Sobald sich jedoch die negative Seite – das, was das Eine *nicht* ist – von der positiven Seite ablöst und verselbständigt, entsteht das Böse als gesetzte Negation, d.h. als Verkehrung *(perversio)* und Beraubung *(privatio)* des Guten. Zwar behält das Gute ontologisch den Vorrang vor dem Bösen, insofern es kein ursprüngliches Böses gibt, sondern nur ein als negiertes Gutes existierendes Böses, aber als solches *ist* es. Als Nichtgutes ist das Böse das Gegenteil des Guten: das Geistlose, bloß

Materielle (vgl. *Enneade* I, 8). In Umkehrung des Wilhelm Busch-Wortes könnte man abschließend für Plotin festhalten: Das Böse ist das Gute, das man läßt.

Ein Metaphysiker des 17. Jahrhundert, Benedictus de Spinoza, hat in seinem deduktiven System *more geometrico* (nach der Art der Geometrie) ebenfalls den Versuch einer monistischen Erklärung von Gut und Böse unter Zugrundelegung eines einzigen Prinzips unternommen. Anders als Plotin geht er jedoch nicht von einer Veräußerung Gottes durch Emanation aus, sondern vertritt eine Immanenzlehre, der gemäß Gott seine Fülle bei sich behält und diese dadurch differenziert, daß er sie denkend durchdringt und ausspricht. Spinoza stellt an die Spitze seines Systems als voraussetzungslosen Anfang eine absolute, unendliche Substanz, die als selbsturssprünglich zu begreifen ist: als *causa sui*. Was Ursache seiner selbst ist, ist zugleich sein eigenes Bewirktes. Es bringt sein Wesen aus sich selbst zur Existenz, indem es sich als Substanz Eigenschaften zuschreibt und diese durch fortschreitende Selbstbestimmung immer weiter spezifiziert, bis alles in der göttlichen Substanz Enthaltene geistig durchschaut ist. Der menschliche Verstand in seiner Endlichkeit kann nur zwei der unendlich vielen Eigenschaften Gottes erfassen: Ausdehnung als Bedingung alles Körperlichen und Denken als Bedingung alles Geistigen. Diese beiden Wesensprädikate sind aus der Sicht des Menschen nicht aufeinander rückführbar, so daß sie zwei getrennte Bereiche des gegenständlichen und des geistigen Seins begründen. Was in Gott als *causa sui* substantiell zusammenfällt, das fällt für den Menschen auseinander und läßt sich nur in der Rekonstruktion des göttlichen Selbsturssprungs wieder vereinigen. Es gibt keine Wechselbeziehung zwischen Körpern und Ideen. Körper wirken immer nur auf Körper, Ideen auf Ideen; keine Idee vermag eine körperliche Wirkung, keine körperliche Bewegung eine Vorstellung hervorzurufen. Um erklären zu können, wieso wir trotzdem in unserer Selbsterfahrung völlig selbstverständlich von einem Zusammenspiel von Körper und Geist ausgehen, nimmt Spinoza einen psycho-physischen Parallelismus an, dem zufolge einer Veränderung auf der Seite der Körper immer eine Veränderung auf der Seite des Denkens entspricht und umgekehrt. Diese Entsprechung zweier unbezüglich aufeinander vonstatten gehender Vorgänge erweist sich aus der göttlichen Perspektive als Ausdrucksform der göttlichen Selbstentfaltung, die ein in sich einheitlicher Prozeß ist, der sich gleichwohl unter verschiedenen Aspekten darstellen läßt, wobei diese Aspekte in der göttlichen Substanz identisch sind (vgl. *Ethik*: 1. und 3. Teil).

Diese Konstellation einer sich durch immanente Ausdifferenzierung selbst generierenden Substanz läßt bereits erkennen, daß auch Spinozas Ansatz keine Lösung für das Problem von Gut und Böse enthält. Auch wenn Spinoza dem Menschen Freiheit zuerkennt und das Gute in der Erkenntnis Gottes sieht, die den Menschen befähigt, seine Norm vollkommen zu erfüllen und jene Affekte zu unterdrücken, welche ihn sein Wesen verfehlen lassen, so ist doch ersichtlicherweise in seinem panentheistischen System, in welchem alles, was ist, in Gott inbegriffen ist, kein Platz für eine von der göttlichen Freiheit abweichende menschliche Freiheit. Das Böse muß daher entweder ein unbeabsichtigter Nebeneffekt der Selbstverursachung Gottes sein oder eine unvorhergesehene Entgleisung im Prozeß der göttlichen Involution. Beides aber widerspricht der Vorstellung von Gott.

Zu Beginn des 18. Jahrhunderts hat Gottfried Wilhelm Leibniz vehement bestritten, daß Gott verantwortlich sei für die Übel in der Welt. Gott wäre nicht Gott, wenn die Welt, die er geschaffen hat, nicht die beste aller möglichen Welten wäre. Wenn eine Welt ohne Bosheit und physische Übel besser gewesen wäre, dann hätte er zweifellos eine solche geschaffen (*Theodizee*: 8.–9.). Leibniz nimmt ebenso wie Spinoza Gott als alleinigen Verursacher des Universums an und führt die Parallelität körperlicher und geistiger Prozesse auf eine prästabilierte Harmonie zurück, die dadurch garantiert ist, daß Gott die Abläufe in der physischen Natur und im psychischen Bereich von vornherein präzis aufeinander abgestimmt hat wie zwei in völligem Gleichtakt gehende und einander trotzdem nicht beeinflussende Uhren. Zu dieser universellen Gesamtabstimmung kommt noch eine in jedem Augenblick erfolgende Feinabstimmung hinzu, mittels welcher Gott durch blitzartiges Eingreifen (Fulgurationen) für das Funktionieren der einzelnen, Monaden genannten Aktionszentren, aus denen sich das Weltall zusammensetzt, sorgt (vgl. *Vernunftprinzipien:* 15., *Monadologie:* 79., 47.).

Wie es in diesem von Gott auf bestmögliche Weise konstruierten und pausenlos kontrollierten Universum überhaupt etwas Böses geben kann, bleibt unerfindlich, und noch weniger leuchtet es ein, daß – sollte es trotzdem Böses geben – Gott nicht dessen Urheber ist. Genau dies behauptet Leibniz aber, obwohl er einräumt, daß nichts in der Welt ohne das Wissen und die Erlaubnis Gottes geschieht (*Theodizee:* 4.). Zur Begründung führt er folgende, mehr oder weniger gewichtige Argumente an:

(1) Die Übel tragen dazu bei, ein Gut hervorzubringen, das sonst unrealisiert geblieben wäre, oder ein noch größeres Übel zu verhüten (ebd., 9., 24.).

(2) Der göttliche Verstand als ideale (nicht: reale!) Ursache des Guten ist unvermeidlich zugleich auch die ideale Ursache (logische Bedingung) des Bösen, die mit dem Guten auch dessen potentielle Verneinung ermöglicht (ebd., 20.).

(3) Indem Gott vorhergehend das Gute und nachfolgend das Beste will, läßt er das Böse zu, um Schlimmeres zu verhindern (ebd., 23.).

(4) Gott würde gegen sein eigenes Wesen – seine Weisheit, Güte und Vollkommenheit – verstoßen, wenn er das moralisch Böse (Sünde, Bosheit, böser Wille) und die physischen Übel aufhöbe (ebd., 25.). Denn dann hätte er darauf verzichten müssen, den Menschen als eine Art geistigen, mit Vernunft ausgestatteten Automaten zu schaffen, der nach eigener Einsicht handelt. Eine Welt ohne vernünftige Wesen wäre jedoch von geringerem Wert (ebd., 52., 119.).

(5) Selbst wenn das Geschenk der Vernunft für die Menschen mehr böse als gute Konsequenzen hätte, wäre dies aufs Ganze – im Hinblick auf die Vollkommenheit des Universums

– gesehen immer noch besser, als ihnen Vernunft und Entscheidungsfreiheit vorzuenthalten (ebd., 119.).

Aus diesen Argumenten zieht Leibniz den Schluß, daß Gott,
da er nicht anders konnte, als die bestmögliche Welt zu schaffen, das Böse zulassen mußte. Das Böse zuzulassen, bedeutet
nicht, daran mitzuwirken oder sich mitschuldig zu machen,
denn es gab für Gott keine andere Alternative: Das Gute war
nur unter Inkaufnahme des Bösen zu haben. Doch selbst
wenn Gott nicht der Urheber des Bösen in der Welt ist, kann
man wirklich den Menschen zum Sündenbock machen? Die
Anthropologie ist auch bei Leibniz in die Kosmologie integriert, so daß die menschliche Monade im Grunde gar keine
Möglichkeit hat, aus dem deterministischen Gefüge des uni-
versalen Systems auszubrechen und einen negativen Gebrauch
von ihrer Vernunft zu machen. Und auch das würde letztlich
keine Rolle spielen, insofern es ja in der besten aller Welten
nicht darauf ankommt, was der einzelne tut. Es wird sich in
jedem Fall das göttliche Gesamtkonzept durchsetzen, unabhängig von allen möglichen Sabotageakten seitens der Menschen. Und sollte die Menschheit sich eines Tages in einem
globalen Homocid selbst vernichten, wäre dann auch dies aus
der Sicht Gottes noch die beste Lösung?

Schelling war es, der zu Beginn des 19. Jahrhunderts das
Problem des Guten und des Bösen metaphysisch in anderer
Weise anging, indem er den Gottesbegriff neu faßte und aus
der Verwickeltheit von göttlicher und menschlicher Freiheit
einen Weg suchte, um das Böse zu erklären. Gegen das tradi-
tionelle Verständnis von Gott als einer seit Anbeginn fertigen,
in sich vollkommenen Substanz setzte Schelling die Vorstellung eines werdenden, sich zu seiner Vollkommenheit allererst durchringenden Gottes. Zwar geht auch er in seiner
Schrift *Über das Wesen der menschlichen Freiheit* (1809) wie
Spinoza von der Selbstursprünglichkeit Gottes aus, deutet die
Selbstverursachtheit jedoch nicht im Sinne einer immanent logischen Genese, sondern als einen Prozeß der Selbstverwirkli-
chung nach Analogie einer Geburt: Gott bringt sich selbst zur
Welt. Er behält sein von ihm selbst gezeugtes Wesen nicht für

sich, sondern entläßt es aus der göttlichen Obhut und gibt es frei.

Die Pointe dieser Vision des sich selbst gebärenden Gottes liegt darin, daß Gott nicht je schon in unverlierbarem Besitz des Guten ist; vielmehr muß auch er das Gute, durch welches er sich selbst als gut und damit als Gott qualifiziert, erst schaffen. Und auch er vermag das Gute nur zu schaffen, indem er angesichts der Möglichkeit des Bösen als Alternative zum Guten diese Möglichkeit ausschließt. Wer meint, für Gott sei es doch ein Leichtes, sich für das Gute zu entscheiden, wird von Schelling eines anderen belehrt. In grandiosen Bildern schildert er den Kampf, der sich in Gott abspielt, als Krieg zwischen zwei Prinzipien: einem selbstischen (kontrahierenden) und einem nach außen drängenden (expandierenden) Prinzip. Hätte das selbstische Prinzip die Oberhand behalten und Gott sich dazu entschieden, sein Wesen in alle Ewigkeit in sich zu verschließen, so wäre er nicht als Gott offenbar geworden. Das aber würde bedeuten: Gott hätte das als sein Gutes erkannte Wesen unverwirklicht gelassen und damit dessen Platz dem Bösen als dem Anti-Guten eingeräumt. Dieses Böse wäre kein welthaft Böses, eben weil Gott ja in sich verblieben wäre, aber die zerstörerische Kraft des Bösen hätte die innere Selbstvernichtung Gottes zur Folge gehabt: Ein Gott, der sich mit dem Bösen einschließt, wird zu seinem eigenen bösen Dämon und geht seiner Göttlichkeit verlustig.

Gott hat sich jedoch aus Liebe zu dem in ihm gezeugten Guten zur Offenbarung seines Wesens durchgerungen und damit die Möglichkeit des Bösen unrealisiert gelassen. Nun beginnt jedoch für den zur Welt gekommenen, entäußerten Gott der gleiche Kampf zwischen den beiden entgegengesetzten Prinzipien, den Gott seinem Geschöpf nicht ersparen kann, weil er damit gerade die Bedingung des Gutseinkönnens – die Freiheit – eliminiert und insofern die Welt des Göttlichen beraubt hätte. Verdankt die anorganische und die organische Natur ihr Dasein jenen Phasen des göttlichen Entwicklungsprozesses, in welchen Gott zwar bereits zur Offenbarung entschlossen war, aber seinen dunklen Grund noch nicht vollständig mit dem Licht der Vernunft durchdrungen hatte, so ist mit dem Menschen jene Stufe der Evolution erreicht, auf welcher Gott sein Selbst mit absoluter Klarheit durchschaut und aus sich heraussetzt. Der von Gott in die Unabhängigkeit entlassene und in die Freiheit gesetzte Mensch muß eben diese Freiheit unter Beweis stellen, indem auch er über sein Gutes und Böses entscheidet, jedoch mit dem Handicap, daß er seine Entscheidung unter empirisch-endlichen Bedingungen treffen muß.

Anders als Gott, der die Wahl zwischen zwei geistigen Modalitäten hatte – zwischen einem geistigen Sichverströmen im Guten und einem geistigen Sichverschließen im Bösen –, beziehen sich die beiden Prinzipien, über deren Rangordnung der Mensch zu befinden hat, auf ganz verschiedene Bereiche. Während das expandierende Prinzip den Bereich der Vernunft regiert, beherrscht das kontrahierende Prinzip den Bereich des Sinnlich-Materiellen. Im Menschen streiten diese beiden Prinzipien um die Vorherrschaft, und Schelling macht das Böse an jenem Freiheitsakt fest, durch welchen der Mensch sich für das Prinzip der Sinnlichkeit entscheidet und damit die Endlichkeit verabsolutiert. Nicht die Sinnlichkeit an sich ist das Böse, sondern das Böse kommt in die Welt aufgrund der freien Entscheidung für die Sinnlichkeit als ranghöchstem Gut. Durch diese Verabsolutierung von etwas Endlichem verfehlt der Mensch sein Wesen, das auf diese Weise nicht offenbar wird, denn auch für den Menschen liegt das Gute in der Gegenbewegung gegen das selbstische Sichverschließen im (bei Gott geistigen, beim Menschen materiellen) Selbstbesitz – nämlich im Sichöffnen für andere Freiheit. Im Unterschied zu seinen Vorgängern betrachtet Schelling das Böse nicht als eine Negation oder Privation des Guten, sondern als eine ausdrückliche Position: In der uneingeschränkten Anerkennung des Prinzips der Sinnlichkeit wird das Böse als das Anti-Gute *gesetzt*. Damit manifestiert es sich als etwas Eigenständiges, das nur noch logisch auf das Gute als vom Bösen negiertes Gegenteil bezogen ist, faktisch aber dessen Stelle besetzt hat.

Schellings Versuch einer metaphysischen Verortung des Guten und des Bösen im Kontext der göttlichen und der menschlichen Evolution von Freiheit ist zweifellos ein spekulativer Wurf. Dennoch bleiben viele ungelöste Probleme und Frageüberhänge. Wie kommt es zu dem doch beträchtlichen Unterschied zwischen dem evolvierenden und dem evolvierten Gott? Zwar läuft die Frage, warum Gott nicht einen absolut identischen Klon von sich geschaffen hat, insofern ins Leere, als dies keine originäre Schöpfung, sondern eine bloße Reduplikation desselben wäre. Aber für den Menschen hat die mühsame, sich über mehrere Etappen hinziehende Selbsterschaffung Gottes fatale Folgen, da sie ihm in den unfertigen Naturprodukten, die aus dem Unbewußten und Vorbewußten Gottes hervorgegangen sind, eine Hypothek aufbürden, die seinen Freiheitsgebrauch erschweren. Selbst wenn Gott im Menschen die höchste Stufe seiner geistigen Selbstdurchdringung erreicht hat, muß der Mensch mit der Endlichkeit seines Daseins als Hinterlassenschaft dieses Gottes zurechtkommen, der als gewordener gleichwohl unsterblich ist, während den Menschen für die Realisierung des Guten nur eine begrenzte Zeitspanne zur Verfügung steht. Die Frage ist, ob sie – hin und her gerissen zwischen zwei entgegensetzten Prinzipien – nicht hoffnungslos überfordert sind, wenn ihnen aufgetragen wird, sie sollten sich an Gott als ihr Vorbild halten. Im Grunde ist es nicht verwunderlich, daß sie sich erst einmal an das gehalten haben, was ihnen das Verläßlichste schien: das Stoffliche, dessen sinnliche Qualitäten festen Halt boten in einer Welt voller Widersprüche. Sie deswegen des Bösen zu bezichtigen, scheint hart. Wenn schon Gott den rechten Gebrauch seiner Freiheit erst lernen mußte, wobei die Natur das Lehrgeld zu bezahlen hatte für die unvollkommenen Produkte, die der vorbewußten Phase der göttlichen Selbsthervorbringung entstammen, um wieviel anstrengender muß dieser Lernprozeß für sein endliches Geschöpf sein, das nicht gleich imstande ist, ein Meisterwerk zu vollbringen, sondern zuerst einmal ,Ausschuß' produziert hat.

Schellings spekulativer Versuch einer Rekonstruktion des Ursprungs von Gut und Böse anhand des göttlichen Selbstwerdungsprozesses läuft darauf hinaus, daß Gott (1) Bedingung der *Möglichkeit* von Gut und Böse überhaupt ist und (2) Bedingung der *Wirklichkeit* des Guten durch Ausschluß des Bösen für sich selbst; daß der Mensch als zur Freiheit autorisiertes Wesen (3) der Bedingung der *Möglichkeit* von Gut und Böse untersteht und (4) in Gott die *Wirklichkeit* des Guten als Vorbild hat, sich aber (5) durch Ausschluß dieses Guten für die Setzung von dessen Gegenteil entschieden und damit das Böse zur Existenz gebracht hat. Insofern ist ausschließlich der Mensch Urheber der *Wirklichkeit* des Bösen.

Von Schellings monistischem Modell zu einem dualistischen ist es bloß ein kleiner Schritt, denn dazu braucht man nur die beiden entgegengesetzten Prinzipien, die in Gott um die Übermacht kämpfen, als eigenständige Kräfte für sich zu setzen und hat damit das Problem nicht mehr, wie aus einer ursprünglichen, gegensatzlosen Einheit eine Zweiheit hervorgehen kann: Es herrschte von Anfang an Entzweiung. Nun konzentriert sich alles auf die Frage, wie die ursprüngliche Zweiheit überwunden werden kann, damit Eintracht über die Zwietracht dominiert. Der Vorteil eines dualistischen Ansatzes ist jedoch nur ein scheinbarer, denn die Frage nach der Herkunft der Zweiheit bleibt darin offen. Eine absolute Zweiheit ist als unhintergehbarer Anfang von allem, was ist, ebenso irritierend wie eine absolute Einheit. Dennoch wurde vor allem im alten Persien eine dualistische Metaphysik vertreten, und zwar von Zoroaster (auch Zarathustra genannt, zwischen 1000 und 600 v. Chr.), der von zwei kosmischen Urkräften ausging, die durch einen das Gute personifizierenden Gott des Lichts (Ahura-Mazda) und durch einen das Böse personifizierenden Gott der Finsternis (Angra Mainju) wirken. Der Kampf der beiden Götter um die Vorherrschaft bringt auch die Menschen unter Zugzwang. Sie müssen sich in ihrer Praxis auf die Seite des guten Gottes schlagen, um unter der Gefolgschaft Ahura-Mazdas den Sieg der Gerechtigkeit (Asa) über die Lüge (Drug) als Inbegriff des Bösen davonzutragen und damit das Universum vor dem Untergang zu bewahren.

Mani, auch ein Perser (3. Jahrhundert n. Chr.), der den sogenannten Manichäismus begründete, führte Gut und Böse ebenfalls auf einen Lichtgott und einen Gott der Finsternis als Repräsentanten real existierender Kräfte des Guten und des Bösen zurück. Der Mensch ist durch seinen Körper, dessen Triebe ihn in die Finsternis der Materie ziehen, Gefangener des Reichs des Bösen, durch seine Seele hat er jedoch die Möglichkeit, sich mit Hilfe von Lichtboten ins Reich des Guten aufzuschwingen. Wer sich im Verlauf seines Lebens von der Macht des Bösen befreit hat, wird in der Endzeit, nachdem von den beiden ursprünglich getrennten, dann vermischten Reichen durch den Sieg des Lichts nur noch das gute übriggeblieben sein wird, endgültige Erlösung vom Bösen finden.

Augustinus (4./5. Jahrhundert n. Chr.) war vor seiner Bekehrung zum Christentum Anhänger des Manichäismus, und seine entsprechenden Vorstellungen vom Bösen sind aufschlußreich. Er war nämlich der Meinung,

> es gebe eine Substanz des Bösen, und sie besitze eine eigene, scheußliche und gestaltlose Masse, teils von undurchdringlicher Dichte, die sogenannte Erde, teils dünn und fein wie ein Luftkörper; diese letztere Masse stellte man sich als bösen Geist vor, der über die Erde hinwegkriecht. Da mich nun die Frömmigkeit [...] zu dem Glauben zwang, der gute Gott könne keine böse Natur geschaffen haben, nahm ich zwei einander feindlich gegenüberstehende Massen an, beide unendlich, die böse aber von geringerem, die gute von größerem Umfang (*Bekenntnisse*: 134).

Aus dieser Annahme, es gebe zwei gleichursprüngliche, einander feindliche Substanzen, zog der junge Augustinus die Konsequenz, „daß nicht wir es sind, die sündigen, sondern eine nicht weiter bekannte fremde Natur in uns" (ebd. 132 f.). Der Mensch schien vorgängig von aller Schuld entlastet, da das Böse seine Wurzel außerhalb seiner hatte. Daher empfand er die christlichen Lehren von der Menschwerdung Gottes und vom Sündenfall des Menschen als äußerste Zumutung, wurde darin doch zum einen unterstellt, der Gott des Lichts habe sich in die Finsternis begeben und mit Materie befleckt, und zum anderen, nicht eine böse Entität sei die Ursache des Bösen, sondern der Mensch habe aus freien Stücken gesündigt, indem er die materielle Lust dem geistigen Genuß vorzog und damit selbst das Reich der Finsternis schuf. Von ständigen Zweifeln geplagt, rang Augustinus sich schließlich zum Christentum durch und schwor dem Manichäismus ab:

> [...] ich hatte den Ursprung des Bösen noch nicht entwirrt und geklärt. Doch welcher auch immer es sein mochte, so sah ich doch, daß man ihn so suchen mußte, daß er mich nicht zwänge, den unveränderlichen Gott für veränderlich zu halten, damit ich nicht selbst würde, was ich suchte, das Böse. Deshalb suchte ich ihn mit der Sicherheit und Gewißheit, daß nicht wahr ist, was die Manichäer sagten. Mein ganzer Geist wandte sich von ihnen ab, denn ich sah, daß sie bei der Frage nach dem Ursprung des Bösen von der Bosheit erfüllt waren, lieber anzunehmen, dein Wesen erleide das Böse, als ihr eigenes Wesen bewirke es. Ich bemühte mich, klar einzusehen, was man mir wiederholt sagte: Die freie Entscheidung des Willens sei der Ursprung dessen, daß wir böse handeln [...], daß ich es dann war, der wollte oder nicht wollte. Und immer mehr erfaßte ich, daß hier der Ursprung meiner Sünde lag [...], daß ich das Böse will und das Gute nicht will (ebd., 172f.).

Leibniz bezichtigte die Manichäer sogar der „Dreistigkeit, die Gottheit zum Mitschuldigen an ihrer Sittenlosigkeit zu machen". Sie ahmten damit die alten Heiden nach, „die den Göttern die Ursachen ihrer Verbrechen zuschrieben, so als ob eine Gottheit sie antriebe, Böses zu tun" (*Theodizee:* 25).

Wie man es auch dreht und wendet, das Dilemma der Theodizee läßt sich nicht auflösen: Geht man monistisch von nur einem Prinzip aus, so fällt es schwer, Gott von einer Mitschuld für das Böse freizusprechen und die alleinige Schuld dem Menschen aufzubürden. Geht man dualistisch von zwei Prinzipien aus, wird der Mensch von aller Schuld freigesprochen, jedoch um den Preis seiner Freiheit: Er sinkt zum Zankapfel zwischen einander bekämpfenden Mächten herab, auf die er keinen Einfluß zu nehmen vermag. Schließlich ist das dualistische Modell insofern unbefriedigend, als die Existenz einer guten und einer bösen Macht vorausgesetzt wird, ohne daß die Herkunft dieser beiden Mächte aufgeklärt würde, geschweige denn begreiflich gemacht wird, warum und wodurch die eine gut und die andere böse ist.

Ein letzter metaphysischer Versuch, jenseits von Monismus und Dualismus Einheit und Zweiheit ineinander aufgehen zu lassen, wie es z.B. in der alten chinesischen Philosophie im *Buch der Wandlung* vorgeschlagen wird, scheitert daran, daß Yin und Yang keine echten, sondern einander bedingende polare Gegensätze benennen, die sich wie Berg und Tal, Himmel und Erde ergänzen. Ein solches Harmoniemodell, aus welchem das als different Gesetzte in keiner Weise herausfallen kann, ist nicht geeignet, um radikal Entgegengesetztes wie Gut und Böse, das sich nicht vereinigen läßt, sondern sich gegenseitig ausschließt, zu vermitteln.

2. Ethische Deutungsmuster

Es hat sich gezeigt, daß die Würde des Menschen untrennbar mit der Vorstellung von Freiheit verknüpft ist und daher das Böse den Individuen zurechenbar sein muß, unabhängig davon, ob ein Gott dafür mitverantwortlich ist oder nicht. Blendet man also den metaphysischen Horizont aus und konzentriert sich auf die Frage nach den Voraussetzungen guten und bösen Handelns, so tritt die Ethik auf den Plan, die über moralische Praxis und die Bedingungen der Moralität solcher Praxis nachdenkt. Immanuel Kant hat 1792 eine Abhandlung *Über das radikale Böse in der menschlichen Natur* vorgelegt und darin die Frage nach der Herkunft von Gut und Böse im Sinne einer moralischen Evolution gestellt. Vier Möglichkeiten sind hier denkbar, die von Dichtern, Historikern, Theologen, Philosophen und Pädagogen unterschiedlich beurteilt wurden. (1) Die Geschichte der Menschen hat vom Guten angefangen (Paradies, Goldenes Zeitalter) und ist dann allmählich in einem Verfallsprozeß zum Bösen übergegangen. (2) Die Geschichte hat vom Schlechteren, Unvollkommeneren angefangen und schreitet stetig zum Besseren fort, da der Mensch eine moralische Anlage zum Guten hat. (3) Am Anfang war alles indifferent, noch diesseits von Gut und Böse, und aus dieser Indifferenz hat sich die moralische Perspektive mitsamt dem ethischen Kategorienraster von Gut und Böse entwickelt. (4) Am Anfang bestand eine Mischung aus Gut und Böse, die sich im Verlauf der Geschichte im Kontext menschlicher Praxis ausdifferenziert hat.

Für Kant spitzt sich das Problem des in diesen Thesen zeitlich-historisch gewendeten (geschichtlichen) Anfangs auf die Frage zu: Was bedeutet es, wenn man sagt, der Mensch sei von Natur gut, böse, weder gut noch böse, sowohl gut als auch böse? Kant antwortet: Man muß einen solchen Anfang annehmen, weil Gut und Böse mit der Geschichte der Menschen entstanden sind, aber dieser Anfang ist an sich selber unbegreiflich, unerforschlich, unerklärbar, denn er ist kein historisches Faktum, sondern ein Willensakt. Der menschliche Wille qualifiziert sich in seinem Wollen durch Maximen, d.h. durch Regeln, die entweder nur dem Eigeninteresse dienen und als solche nicht verallgemeinerbar sind – z.B. mache ich es mir zur Regel, immer dann zu lügen, wenn mir daraus ein persönlicher Vorteil erwächst –, oder ein allgemeinverbindliches moralisches Interesse zum Ausdruck bringen, das den Universalisierungstest des kategorischen Imperativs besteht – z.B. mache ich es mir zur Regel, immer gerecht zu handeln, auch wenn dies für mich hin und wieder mit erheblichen Glückseinbußen verbunden ist. Diese Regel läßt sich als moralische qualifizieren, weil ich sowohl denken als auch wollen kann, daß jedes Individuum sie jederzeit bedingungslos befolgen soll. Der Wille also entscheidet durch die Art seines Wollens über Gut und Böse und damit zugleich über seine eigene moralische Qualität. Entsprechend beginnt Kant seine *Grundlegung zur Metaphysik der Sitten* (1785) mit den Worten:

> Es ist überall nichts in der Welt, ja überhaupt auch außer derselben zu denken möglich, was ohne Einschränkung für gut könnte gehalten werden, als allein ein Guter Wille. Verstand, Witz, Urteilskraft und wie die *Talente* des Geistes sonst heißen mögen, oder Mut, Entschlossenheit, Beharrlichkeit im Vorsatze als Eigenschaften des *Temperaments*

sind ohne Zweifel in mancher Absicht gut und wünschenswert; aber sie können auch äußerst böse und schädlich werden, wenn der Wille, der von diesen Naturgaben Gebrauch machen soll und dessen eigentümliche Beschaffenheit darum *Charakter* heißt, nicht gut ist. Mit den *Glücksgaben* ist es ebenso bewandt. Macht, Reichtum, Ehre, selbst Gesundheit und das ganze Wohlbefinden und Zufriedenheit mit seinem Zustande unter dem Namen der *Glückseligkeit* machen Mut und hiedurch öfters auch Übermut, wo nicht ein guter Wille da ist, der den Einfluß derselben aufs Gemüt und hiemit auch das ganze Prinzip zu handeln berichtige und allgemein zweckmäßig mache [...]. Der gute Wille ist nicht durch das, was er bewirkt oder ausrichtet, nicht durch seine Tauglichkeit zu Erreichung irgend eines vorgesetzten Zweckes, sondern allein durch das Wollen, d.i. an sich gut (*Grundlegung zur Metaphysik der Sitten:* 28 f.).

Kant leugnet also keineswegs, daß vieles von dem, was wir in unserer Alltagspraxis als gut bezeichnen, dieses Prädikat verdient, dies aber eben nur unter der Voraussetzung, daß eine solche Auszeichnung von Fähigkeiten, Eigenschaften und Glücksgütern auf einen guten Willen bezogen ist, der sie in einen moralischen Kontext integriert. Ohne den guten Willen als Bezugshorizont können die als gut behaupteten Dinge entarten, denn auch ein Verbrecher kann Witz, Klugheit und Mut besitzen, aber er instrumentalisiert diese als gut erachteten Fähigkeiten zur Durchsetzung eines bösen Willens und macht insofern auch sie zu etwas Bösem.

Damit sind drei wichtige Resultate erbracht: (1) Als Urheber von Gut und Böse kommt nur ein menschlicher Wille in Betracht, der durch die Art seines Wollens sowohl sein eigenes Gut- bzw. Bösesein als auch das der Mittel, durch die er das von ihm Gewollte handelnd zu erreichen trachtet, erzeugt. (2) Gut und Böse unterscheiden sich als Willensqualitäten durch die Maximen, in denen sich das Wollen als solches artikuliert. Während sich der gute Wille um des für alle Guten willen nur durch solche Regeln bestimmt, die verallgemeinerbar sind, akzeptiert der böse Wille nur Regeln, die den Eigennutz fördern, auf Kosten und zum Schaden der anderen. (3) Gutes und böses Wollen sind keine irrationalen, sondern vernunftbegleitete Vollzüge, insofern sie im Bewußtsein eines Sollens erfolgen, dessen Berechtigung auch vom Böswilligen grundsätzlich anerkannt ist, da er gerade daraus seinen persönlichen Vorteil zieht. Das Wissen darum, daß niemand berechtigt ist, für sich etwas zu beanspruchen, das er den anderen verwehrt, verbunden mit der Annahme, daß die anderen sich zum größeren Teil an diese moralische Verpflichtung halten werden oder mittels geschickter Manipulationen dazu gebracht werden können, sich daran zu halten, nützt der Böswillige gezielt dafür aus, seine verabsolutierten Privatinteressen zu befriedigen.

Den Ursprung des Guten und Bösen kennen wir jetzt aus ethischer Sicht und wissen auch, was das Gute und das Böse ist. Was wir nicht wissen und nach Kant auch nicht wissen können, ist der Grund dafür, warum sich jemand wissentlich und willentlich für das Gute oder Böse entscheidet. Der Entschluß, gute oder böse Maximen praktisch zu befolgen, ist ein Freiheitsakt, der sich nur konstatieren, nicht aber begrifflich ableiten oder historisch rekonstruieren läßt. Dennoch wird dieser Entschluß aus ethischer Perspektive als immer schon geschehen vorausgesetzt, wenn man einen Menschen moralisch beurteilt. Insofern diese uneinholbare Voraussetzung Platzhalter für die Freiheit ist, führt der Sprachgebrauch, der Mensch sei *von Natur aus* gut und/oder böse, bzw. das Gute und/oder Böse sei ihm *angeboren,* in die Irre, unterstellt er doch, im Menschen sei eine ‚Anlage' vorhanden, die ihn objektiv, ohne sein Zutun determiniere – z.B. durch einen Naturtrieb oder ein moralisches Vermögen. Gut und Böse werden jedoch nicht durch eine auf den Willen von außen einwirkende Ursache erzeugt, sondern der Wille selber bestimmt sich durch sein Wollen als guter oder böser Wille. Aufgrund dieser Selbstbestimmung erweist sich der Mensch als frei: Er kann wählen, wer er sein will, aber so wie er sich will, ist er dann auch. Deshalb rechnen wir den Individuen einen guten Charakter als Verdienst an, einen bösen als Schuld, obwohl wir einräumen, daß auch die Umstände das ihre zu dem einen wie dem anderen beigetragen haben. Während sich Gut und Böse auf der ethischen Prinzipienebene ausschließen, da der sich selbst als guter Wille wollende Wille das Böse ra-

dikal negiert und umgekehrt, macht die Rede, der Mensch sei
sowohl gut als auch böse, empirisch durchaus Sinn, denn ein
und derselbe Mensch kann sich moralisch verfehlen, indem er
sich gelegentlich eine böse Maxime zu eigen macht. Dieses
empirisch mögliche ‚Sowohl-Als auch‘ von Gut und Böse, wie
es in der Handlungsabfolge biographischer Schilderungen von
Individuen dokumentiert wird, weicht auf der Reflexionsebe-
ne der praktischen Vernunft, auf welcher die Möglichkeit einer freien Willensbestimmung durch selbst gesetzte Maximen
eingesehen ist, einem radikalen ‚Entweder-Oder‘.

Nach diesen Vorklärungen erläutert Kant seine These, daß
der Mensch einen „Hang“ zum Bösen entwickeln könne und
durch das Böse seine Natur verderbe. Die menschliche Natur
als solche enthalte nur „Anlagen zum Guten“, nämlich Le-
bendigkeit, Vernünftigkeit und Zurechnungsfähigkeit, die die
Tierheit, Menschheit und Persönlichkeit der zur Gattung
Mensch zählenden Lebewesen begründen (*Über das radikale
Böse*: 25 f.). Unter „Anlagen“ sind nicht objektive Bestandtei-
le der menschlichen Natur etwa im Sinne von ursächlich
auf den Willen einwirkenden genetischen Determinanten zu
verstehen, sondern der Freiheit aufgegebene Potentialitäten;
ob sie zum Guten ausgebildet oder zum Bösen pervertiert
werden, hängt allein davon ab, welchen Gebrauch der einzelne von seiner Freiheit macht. Nur als Persönlichkeit vermag er
seine animalischen Bedürfnisse, die rücksichtslos und egoistisch auf ihre Befriedigung drängen, mit dem Anspruch seiner
Vernunft auf Erfüllung des moralischen Gesetzes, das die un-
bedingte Achtung eigener wie fremder Freiheit gebietet, in
Einklang zu bringen. Dies verlangt ihm einige Anstrengungen
ab, denn die Gefahr, dem Drängen der sinnlichen Bedürfnisse
nachzugeben und die Stimme der Vernunft geflissentlich zu
überhören, muß immer wieder von neuem gebannt werden.
Kant versteht unter einem Hang „die Prädisposition zum Begehren eines Genusses“ (ebd., 28 Anm.), aber es liegt am Individuum, ob es sich seinem Hang überläßt oder diesem das
Interesse seiner Vernunft entgegensetzt. In beiden Fällen
macht es Gebrauch von seiner Freiheit, in ersterem, indem es

auf freie Selbstbestimmung verzichtet und sich von seinem Hang bestimmen läßt, in letzterem, indem es der Vernunft Priorität zuerkennt und sich als moralisches Wesen setzt, das bestrebt ist, sich an guten Maximen zu orientieren. Es ist die „Denkungsart" oder „Gesinnung", die den Menschen gut oder böse macht. „Was der Mensch im moralischen Sinn ist oder werden soll, gut oder böse, dazu muß er *sich selbst* machen oder gemacht haben" (ebd., 48).

Demnach liegt der Grund für das Böse nicht im Hang zum Genuß qua Lustgewinn, sondern die fortgesetzte ausdrückliche Ignorierung der Ansprüche der Vernunft und deren Instrumentalisierung für die Befriedigung des Begehrens führt dazu, daß ein Hang zum Bösen entsteht, durch den der Mensch seinen Anspruch, als Mensch – und das heißt: als selbstbestimmtes Lebewesen – zu existieren, pervertiert. Kant unterscheidet hier drei Formen selbst verschuldeter Unfreiheit: (1) *Gebrechlichkeit*; der Mensch gibt seinem Hang aus Schwäche nach, wohl wissend, daß er tut, was er nicht soll, aber es ist ihm zu mühsam und unbequem, immer von seiner Autonomie Gebrauch zu machen und nach moralischen Maximen zu handeln. (2) *Unlauterkeit*; der Mensch tut zwar, was er soll, aber er tut es nicht immer um des Guten willen, sondern gelegentlich aus unmoralischen Gründen. (3) *Bösartigkeit*; der Mensch tut das Gegenteil dessen, was er soll. Er nimmt zwar Freiheit für seine Willensbestimmung durch böse Maximen in Anspruch, aber nur, um die Mißachtung des Freiheitsprinzips auf sein Panier zu schreiben. Zusammenfassend hält Kant fest:

Der Satz: der Mensch ist *böse,* kann nach dem Obigen nichts anderes sagen wollen als: er ist sich des moralischen Gesetzes bewußt und hat doch die gelegentliche Abweichung von demselben in seine Maxime aufgenommen. Er ist *von Natur* böse, heißt soviel als: dieses gilt von ihm in seiner Gattung betrachtet [...] Da dieser Hang nun selbst als moralisch böse, mithin nicht als Naturanlage, sondern als etwas, was dem Menschen zugerechnet werden kann, betrachtet werden [muß], so werden wir diesen einen natürlichen Hang zum Bösen und, da er doch immer selbstverschuldet sein muß, ihn selbst als ein *radikales,* angeborenes (nichtsdestoweniger aber uns von uns selbst zugezogenes) Böse[s] in der menschlichen Natur nennen können. [...] Dieses Böse ist *radikal,* weil es den Grund aller Maximen verdirbt (ebd., 33, 39).

Der Ursprung des Bösen läßt sich nach Kant mithin auf keine Weise empirisch dingfest machen. Weder die Sinnlichkeit noch die Vernunft sind verdorben, so daß sich niemand auf sie als „den faulen Fleck unserer Gattung" (ebd., 41) berufen kann, der den Menschen unvermeidlich ein „böses Herz" beschere (ebd., 39). Ursprung des Bösen ist vielmehr jene Grundsatzentscheidung, in welcher jemand das Gute und damit die Freiheit als Sinn menschlichen Lebens prinzipiell verleugnet. Diese Entscheidung ist nicht zeitlich datierbar, eben weil sie gleichsam außerhalb der Zeit gefällt wird und sich empirisch in Handlungen offenbart, die auf einen verdorbenen Charakter schließen lassen. Kant betrachtet sie daher als eine intelligible Tat, die als unableitbarer, immer schon vollzogener Freiheitsakt vorausgesetzt werden muß, wenn man einen Menschen moralisch beurteilt.

Søren Kierkegaard hat diese Grundsatzentscheidung, durch welche bestimmt wird, was für ein Mensch man ist, in seinem Werk *Entweder-Oder* (1843) als ethische Selbstwahl beschrieben. Im Unterschied zu anderen Organismen, die ihre Anlagen naturwüchsig entfalten, ohne sich zu ihrer Entwicklung verhalten zu können, liegt beim menschlichen Lebewesen die Würde darin, daß es sich zu dem, was es ist, zu verhalten vermag. Aber diese Würde ist nicht naturgegeben, sondern muß erworben werden. Denn ursprünglich ist der Mensch ebenso wie die Pflanze und das Tier „ästhetisch" (von griech. aisthēsis = sinnliche Wahrnehmung) bestimmt, d.h. als ein Sinnenwesen, das durch das Prinzip des Genusses determiniert ist. Als „ästhetisches Selbst" ist der Mensch noch an sein sinnliches Begehren verloren: Er vernimmt die Dinge nach Maßgabe seiner Bedürfnisse und verleibt sie sich um des Genusses willen ein. Dabei setzt er seine Geistesgaben so ein, daß sie ihm helfen, aus den vorhandenen Ressourcen den größtmöglichen Genuß zu erzielen. Dieses ästhetische Selbst ist nach Kierkegaard noch diesseits von Gut und Böse, denn als solches hat der Mensch sich nicht gewählt, sondern faktisch vorgefunden. Als Bedürfniswesen gehorcht er fraglos und selbstverständlich den Gesetzen seiner Natur und überläßt sich seinen auf Befriedigung drängenden Begierden und Trieben.

Daß der Mensch mehr ist als nur ein Bedürfniswesen, wird ihm bewußt, wenn seine geistigen Fähigkeiten sich nicht mehr damit zufrieden geben, als Erfüllungsgehilfen bei der Genußbeschaffung zu fungieren, sondern anfangen, eigene Ansprüche anzumelden. Der Mensch entdeckt, daß er sich selbst Ziele zu setzen vermag, darunter solche, die den Bereich des Empirischen übersteigen. Damit öffnet sich die Zukunft als ein Raum, den der Mensch nach seinen eigenen Vorstellungen gestalten soll, und zugleich wird ihm bewußt, daß er nicht allein über diesen Freiraum verfügen kann, daß da noch andere Menschen sind, mit denen er ihn teilen muß. Er stellt fest, daß er die Wahl hat, wer er sein will, und daß er mit dieser Wahl zugleich über sein Verhältnis zu den Mitmenschen entscheidet. Weiterhin stellt er fest, daß er *nicht* nicht wählen und alles beim Alten lassen kann. Einmal vor die Wahl gestellt, ist auch die Nichtwahl eine Entscheidung, die es zu rechtfertigen gilt. Für Kierkegaard liegt die Würde des Menschen im Wählenkönnen, denn mit dem Wählenkönnen eröffnet sich der Horizont der Freiheit und damit die Dimension des Guten und Bösen. Doch ist damit ein Überschritt über das ästhetische Selbst auf das ethische Selbst hin gefordert. Dieser Schritt fällt nicht leicht, denn zum einen nötigt er zum Verzicht auf vertraute Gewohnheiten im Umgang mit sich selbst zugunsten noch unbekannter Formen des Selbst- und Fremdbezugs, die vielleicht mit einschneidenden Einbußen an Genuß verbunden sind, ohne daß daraus ein Gewinn oder wenigstens eine Kompensation zu resultieren scheint. Zum anderen stellt sich hinsichtlich der neuen Freiheit ein gewisses Unbehagen ein, da sie eine Verantwortung ahnen läßt, die statt Lust Last mit sich bringt.

In jener entscheidenden Grenzsituation, in welcher das ästhetische Selbst sich als vor die Wahl gestellt erlebt, entdeckt es, daß seine bisherige Freiheit eine bloß vermeintliche war.

Es glaubte, tun und lassen zu können, was ihm beliebt, wobei ihm jedoch entging, daß es der Sklave seiner Natur war, die es an das Genußprinzip kettet. Die sich ihm nun zeigende Freiheit des ethischen Selbst scheint eben die Grenzenlosigkeit zu haben, die es fälschlicherweise ästhetisch begehrt hat, insofern sie durch Unbedingtheit charakterisiert ist und damit jedwede Determination – sei es durch die Natur, sei es durch einen fremden Willen – von sich weist. Aber diese neue Freiheit ist nicht umsonst zu haben, sondern nur zu den Bedingungen der Freiheit. Daher muß sich das ethische Selbst dazu verpflichten, das Prinzip Freiheit aus Freiheit und um der Freiheit aller menschlichen Individuen willen als letztgültige Basisnorm seinen zukünftigen Entscheidungen zugrundezulegen. Damit wird Freiheit *prinzipiell* als das für alle Gute und Unfreiheit als das für alle Böse anerkannt, und insofern stecken die Kategorien des Guten und des Bösen den ethischen Freiheitsraum ab, innerhalb dessen die unterschiedlichen, einmaligen Selbstentwürfe sich zu einer ebensosehr individuellen wie kollektiven Freiheitsgeschichte formieren.

In der ethischen Selbstwahl steht das Individuum vor der Alternative, sich einen von der Natur unabhängigen, durch und durch menschlichen Sinnhorizont zu eröffnen oder sich in den Verstrickungen der Unfreiheit selbst gefangenzusetzen. Kierkegaard drückt dies folgendermaßen aus:

Mein Entweder/Oder bezeichnet zuallernächst nicht die Wahl zwischen Gut und Böse, es bezeichnet jene Wahl, mit der man Gut und Böse wählt, oder Gut und Böse abtut. [...] Mithin: was durch mein Entweder/Oder in Erscheinung tritt, ist das Ethische. Es ist daher noch nicht die Rede davon, daß man *Etwas* wähle, sondern von der Realität, welche das Wählen als solches hat. [...] Durch diese Wahl wähle ich eigentlich nicht zwischen Gut und Böse, sondern ich wähle das Gute; indem ich aber das Gute wähle, wähle ich eben damit die Wahl zwischen Gut und Böse. Die ursprüngliche Wahl ist ständig zugegen in einer jeden folgenden Wahl (*Entweder – Oder II*: 180, 188, 232 f.).

Das Ethische besteht demnach darin, daß das Selbst im Akt des Wählens, in welchem es zum ‚ersten‘ Mal Gebrauch von seiner Freiheit macht, eben diese Freiheit zugleich als Inbegriff des Guten und daher für alle Individuen schlechthin Verbindlichen annimmt oder ablehnt. Deshalb betont Kierkegaard, daß die ethische Grundsatzentscheidung sowohl eine Wahl von Gut *und* Böse als auch eine Wahl *zwischen* Gut und Böse ist. Insofern es vor dieser Wahl – auf der Stufe des ästhetischen Selbst – noch kein Gut und Böse gab, da das Individuum gleichsam blind das von ihm nicht gewählte Naturprinzip des Genusses befolgte, gelangen mit der ethischen Perspektive Gut *und* Böse als die beiden Seiten der Freiheit in den Blick. In der Entscheidung für diese mit dem Faktor unbedingter Gültigkeit versehene Perspektive als künftiger Sinngebungsinstanz wird Freiheit als Prinzip bejaht, und diese grundsätzliche Bejahung von Freiheit, mit welcher die Alternative von Gut und Böse gesetzt wird, vollendet sich erst in der Auszeichnung der einen oder der anderen Seite des Entweder/Oder als der allein verbindlichen. Die Bejahung des Guten schließt Unfreiheit als Prinzip aus, die des Bösen negiert die Freiheit. Insofern ist mit der Wahl von Gut *und* Böse die Wahl *zwischen* Gut und Böse untrennbar verbunden, da die Anerkennung von Freiheit als Prinzip auch die Möglichkeit eröffnet, sich für das Böse zu entscheiden, indem das Selbst entweder seinen bisherigen ästhetischen Status zur Norm erhebt und damit das diesen in seiner Unfreiheit festschreibende Naturgesetz ausdrücklich als Grundlage seiner Selbstbestimmung behauptet; oder indem es Freiheit zwar bejaht, aber seine eigene Vorstellung von Freiheit verabsolutiert und mit der Abwertung oder Verleugnung fremder Freiheit den durch die Kategorien des Guten und Bösen definierten Interaktionsraum durch ein willkürliches, ‚selbstisches' Gebilde ersetzt, dem die kollektive Dimension fehlt.

Kant und Kierkegaard haben in ihrer ethischen Analyse von Gut und Böse den Freiheitsursprung dieses moralischen Gegensatzes aufgedeckt. Der Mensch findet sich nicht mit natürlichen Anlagen vor, die ihn zum Guten oder Bösen vorherbestimmen. Vielmehr kann erst jenseits der Natur von Freiheit die Rede sein in dem Sinn, daß das Individuum sich selbst Alternativen zu setzen vermag und damit für sich Entscheidungs- wie Handlungsfreiheit beanspruchen kann. Gut und Böse sind danach menschliche Setzungen, mittels welcher der Freiheitsgebrauch intersubjektiv und allgemein verbindlich geregelt wird. Obwohl beide Philosophen einen Hang des Menschen zum Genuß und zum Streben nach Lust einräumen, bestreiten sie, daß darin die Wurzel zum Bösen zu sehen sei. Der Mensch vermag sich als ästhetisch bestimmtes Naturwesen zu überschreiten und seiner moralischen Würde ansichtig zu werden, die ihn zur Freiheit verpflichtet. Weitere Aufklärung kann die Philosophie nicht leisten, denn die Entscheidung für oder gegen das Gute ist ein nicht mehr weiter ableitbarer individueller Freiheitsakt. Daher endet die Philosophie mit der Aufforderung, das Gute zu wählen, dessen Gesolltheit sie argumentativ begründen, dessen Verwirklichung sie jedoch auf keine Weise erzwingen kann. Warum sich jemand angesichts des Guten für das Böse entscheidet, indem er Unfreiheit zum Prinzip seines Wollens und Handelns erhebt, ist aus ethischer Sicht nicht zu erklären, wie Kant und Kierkegaard übereinstimmend feststellen. Diese ‚Lücke‘ in ihrer Beschreibung der Herkunft von Gut und Böse aus der Freiheit ist gleichsam der Platzhalter für die je individuell und unvertretbar zu treffende selbstbestimmte Entscheidung. Die Lücke indiziert daher keinen Theoriemangel, der behebbar wäre, sondern verweist auf einen von jedem einzelnen zu erbringenden praktischen existentiellen Vollzug.

Kierkegaard hat in *Der Begriff Angst* (1844) noch einmal versucht, sich der an sich unbegreiflichen Faktizität des Bösen anzunähern, indem er die „reale Möglichkeit" der Sünde psychologisch zu rekonstruieren sucht. Ausgehend von der Einsicht, daß das Dogma der Erbsünde nicht im Sinne einer substantiellen Übertragung der durch die Schuld des ersten Menschenpaares verdorbenen Natur auf sämtliche nachfolgenden Generationen zu verstehen ist, vertritt Kierkegaard die These, daß jedes Individuum kraft seiner Freiheit durch sich selbst zum Sünder wird und damit das Böse in die Welt bringt. Auch Kant hatte es abgelehnt, von einer erworbenen

Schuld oder einer Prädisposition zum Bösen aufgrund des von den Ureltern übernommenen Erbes zu sprechen, und darauf hingewiesen, daß jeder einzelne gleichsam aus dem Stand heraus durch seine eigene Tat das Böse erzeugt:

> Eine jede böse Handlung muß, wenn man den Vernunfturprung derselben sucht, so betrachtet werden, als ob der Mensch unmittelbar aus dem Stande der Unschuld in sie geraten wäre. Denn wie auch sein voriges Verhalten gewesen sein mag, und welcherlei auch die auf ihn einfließenden Naturursachen sein mögen, imgleichen ob sie in oder außer ihm anzutreffen seien: so ist seine Handlung doch frei und durch keine dieser Ursachen bestimmt, kann also und muß immer als ein *ursprünglicher* Gebrauch seiner Willkür beurteilt werden [...]; denn durch keine Ursache in der Welt kann er aufhören, ein frei handelndes Wesen zu sein (*Über das radikale Böse:* 43 f.).

Auch Kierkegaard läßt das Böse mit jedem einzelnen neu beginnen. Zwar waren Adam und Eva historisch gesehen die ersten Sünder, aber alle auf sie folgenden Menschen wurden nicht deshalb als Sünder geboren, sondern scheiterten wie jene beim ersten Gebrauch ihrer Freiheit. Obwohl faktisch ausnahmslos alle Menschen als erstes das Böse wählten und damit ihre Freiheit verfehlten, hat dieses unerklärliche Faktum keinen objektiven Grund, keine substantielle Ursache, denn dann wäre die Sünde nicht Resultat einer freien Entscheidung und entsprechend nicht zurechenbar. Dennoch muß es etwas geben, das subjektiv dazu beiträgt, daß der Mensch das Böse dem Guten vorzieht, weil eine grundlose Entscheidung irrational und ebenfalls nicht zurechenbar wäre. Warum also wählen die Menschen nicht das Gute, wenn sie es doch als solches erkennen? Was verlockt sie dazu, das Gegenteil des Guten als die ‚bessere‘ Alternative zu betrachten?

Kierkegaard verwirft die von Theologen vertretene Konkupiszenz-These, daß das göttliche Verbot, vom Baum der Erkenntnis zu essen, ein Gelüste im Menschen geweckt habe, weil damit unterstellt würde, der Mensch sei von der Natur mit einer bösen Lust ausgestattet, die ihn für das Böse empfänglicher mache als für das Gute (*Der Begriff Angst:* 38 f.). Damit aber würde ihm die Freiheit abgesprochen, durch die allein er zum Urheber seiner unter dem Raster von Gut und Böse zu beurteilenden Taten wird. Es gilt daher, dem Freiheitsursprung psychologisch auf die Spur zu kommen, um im Menschen selber der Wurzel des Bösen ansichtig zu werden. Kierkegaard rekonstruiert den Zustand der Unschuld diesseits von Gut und Böse als ein unmittelbares Selbstverhältnis, in welchem die drei für die menschliche Existenz konstitutiven Momente – Leib, Seele und Geist – eine noch ungeschiedene, bewegliche Einheit bilden. Zwar ist ein seelisch geprägtes Körperbewußtsein latent vorhanden, und auch „der Geist ist träumend im Menschen" (ebd., 39), aber keines der drei Momente hat in diesem Selbstverhältnis als dominierender Faktor strukturelles Gewicht. Daher ist dieser Zustand durch Frieden und Ruhe gekennzeichnet, aber

> da ist zu gleicher Zeit noch etwas Anderes, welches nicht Unfriede und Streit ist; denn es ist ja nichts da, um damit zu streiten. Was ist es denn? Nichts. Aber welche Wirkung hat Nichts? Es gebiert Angst. Das ist die tiefe Heimlichkeit der Unschuld: sie ist zugleich Angst. Träumend spiegelt der Geist seine eigene Wirklichkeit hin, aber diese Wirklichkeit ist Nichts, aber dieses Nichts sieht die Unschuld fort und fort außerhalb ihrer (*Der Begriff Angst*: 40).

Der Geist bringt eine gewisse Unruhe in den durch Unwissenheit um Gut und Böse zu charakterisierenden Zustand der Unschuld hinein. Er bildet einen Störfaktor, da er in seinen Träumen die unmittelbare Durchdringung von Leib und Seele überschreitet und deren Einheit sprengt. Dies macht ihm Angst, da er ahnt, daß die Zerstörung der ursprünglichen Einheit ihren Preis haben wird, den er zu zahlen hat, sollte es ihm nicht gelingen, eine neue Verhältniseinheit herzustellen. Solange der Geist nur im Traum Möglichkeiten einer Selbsttranszendierung durchspielt, bleiben diese als nicht verwirklichte Potentialitäten als ein Nichts in der Immanenz des Zustands der Unschuld verborgen, doch dieses Nichts steht für ein im Traum vorweggenommenes Etwas und erzeugt Angst. Die Angst resultiert daraus, daß der Geist sich einerseits zu der Leib-Seele-Einheit verhält, deren Teil er ist, und andererseits zu den träumend entworfenen Gestalten einer neuen, durch ihn gestifteten Einheit, von der er weder weiß, ob er sie wirklich zustandebringt noch ob sie eine Verbesserung des ursprünglichen Zustands sein wird. Die Angst ist somit ein Erzeugnis des Geistes selber, der in seinen Träumen sieht, daß er etwas kann, aber – gleichsam mangels Erfahrung – nicht sicher ist, ob sich sein bloß träumerisch erprobtes Können auch in der Wirklichkeit bewähren wird.

Kierkegaard schildert dieses Hin- und Hergerissensein des Geistes, der *als* Geist nur wirklich zu werden vermag, wenn er seine Träumereien beendet und sich in der Verwirklichung eines seiner Selbstentwürfe als seiner selbst mächtig erweist, als eine Zunahme der Angst vor dem Nichts. Je länger er im träumenden Vorentwurf seiner Möglichkeiten befangen bleibt, desto mehr wird er selber zu einem Nichts und setzt sich selbst in seinem Unvermögen gefangen. Andererseits spürt er die Gefahr, daß er sich selbst zunichte macht, falls er sich übernimmt und seine Kräfte nicht ausreichen, um sich als er selbst zu verwirklichen. Auf dem Gipfel der Angst fällt dann die Entscheidung, und sie hat den Menschen in den Abgrund geführt.

Angst kann man vergleichen mit Schwindel. Der, dessen Auge es widerfährt, in eine gähnende Tiefe niederzuschauen, er wird schwindlig. Aber was ist der Grund? Es ist ebensosehr sein Auge wie der Abgrund; denn gesetzt den Fall, er hätte nicht heruntergestarrt. Solchermaßen ist die Angst der Schwindel der Freiheit, der aufsteigt, wenn der Geist die Synthese setzen will, und die Freiheit nun niederschaut in ihre eigne Möglichkeit und sodann die Endlichkeit packt, sich daran zu halten. In diesem Schwindel sinkt die Freiheit zusammen. [...] Den gleichen Augenblick ist alles verändert, und indem die Freiheit sich wieder aufrichtet, sieht sie, daß sie schuldig ist. Zwischen diesen beiden Augenblicken liegt der Sprung, den keine Wissenschaft erklärt hat oder erklären kann. [...] Angst ist eine weibliche Ohnmacht, in welcher die Freiheit das Bewußtsein verliert; psychologisch gesprochen geschieht der Sündenfall stets in Ohnmacht, aber Angst ist zugleich das Selbstischste von allem, und keine konkrete Äußerung der Freiheit ist so selbstisch wie die Möglichkeit zu jeder Konkretion (ebd., 60 f.).

Diese psychologische Schilderung des Sündenfalls läßt sich intuitiv ohne weiteres nachvollziehen, und doch ist sie unbefriedigend, weil die Größe der Schuld unverhältnismäßig scheint. Der Geist, dem angesichts seiner Möglichkeiten angst und bange wird, greift in schwindelnder Not nach dem Erstbesten, um sich daran festzuhalten, und genau durch diesen kleinmütigen Griff nach der Endlichkeit des Körperlich-Materiellen beraubt er sich seiner eigenen geistigen Potenz, die eigentlich zum tragenden Fundament des neuen Selbstverhältnisses werden sollte, nun aber aufgrund ihres Versagens die ursprünglich intakte Einheit zerstört hat, ohne eine neue Einheit herzustellen. Mit diesem Akt der Selbstzerstörung ist das Böse in das Individuum gekommen, und es ist selbst der Urheber seiner inneren Zerrissenheit. Obwohl Kierkegaard im Zusammenhang mit dem Sündenfall von Schwindel, Verlust des Bewußtseins und Ohnmacht spricht, läßt er doch keinen Zweifel daran, daß damit nichts entschuldigt werden kann, denn der Geist hat selbst die Augen vor dem Guten verschlossen und sich um seine Selbstmächtigkeit gebracht, indem er sich dem Sog des Schwindels überließ, anstatt unbeirrt seine Freiheit zu ergreifen und sich selbst zu verwirklichen. Das „Selbstische" der Angst verweist auf ein krampfhaftes Sichbehaltenwollen wider besseres Wissen.

Erst nachträglich, nachdem das Individuum sich angesichts seines geistigen Selbstverlusts seiner Schuld bewußt geworden ist, vermag es im Rückblick auf seinen Ursprung diesen als den der Schuld vorausliegenden Zustand der Un-schuld zu bestimmen. Es war also nicht zuerst unschuldig und wurde dann schuldig, denn diesseits der Schuld gab es weder Unschuld noch Schuld. Doch in dem Augenblick, in welchem es sich als das Gute verfehlt, wird es sich seiner Schuld bewußt und konstantiert zugleich die damit einhergehende Selbstberaubung als Verlust seiner Unschuld.

Mit dieser Konzeption sind allerdings zwei Schwierigkeiten verbunden. (1) Wenn es keinem einzigen Menschen gelungen ist, den Sündenfall und damit das Böse für sich zu vermeiden, dann scheint dieses doch so etwas wie eine anthropologische

Konstante zu sein, die beinhaltet, daß der Mensch beim ersten Gebrauch seiner Freiheit strauchelt. Stünde ihm die Möglichkeit, seinen geistigen Selbstbesitz direkt, ohne den Umweg über das Böse zu erlangen, wirklich offen, so müßte es Individuen geben, die es auf den ersten Anhieb geschafft haben, ohne Selbstverlust das Gute hervorzubringen. Scheitern jedoch alle Menschen an dieser Aufgabe, bleibt zu fragen, ob sie damit nicht überfordert sind und ob es daher nicht sinnvoller wäre, den Selbstwerdungsprozeß von der übergroßen Schuld des Bösen zu entlasten, zumal dann, wenn es übermenschliche Kräfte benötigt, um an ein göttliches Vorbild des Guten heranzureichen. Die Konsequenz wäre freilich die, daß mit einem solchen Versuch einer ‚Entbösung‘ des Bösen dieses wiederum verharmlost, ja letztlich zum Verschwinden gebracht würde. (2) Die andere Schwierigkeit besteht darin, daß die Möglichkeit eines ohne Umweg über das Böse gelingenden Selbstverhältnisses wenigstens gedacht werden können muß. Doch dann erhebt sich die Frage, wie es in dem Fall mit Unschuld und Schuld bzw. Gut und Böse steht. Gesetzt, der Geist überwindet die Angst und ergreift sich selbst in seiner Freiheit, wie definiert er dann sein Verhältnis zu seinem vorangegangenen Zustand? Da er nicht schuldig geworden ist, kann er seine Vergangenheit nicht mit dem Charakteristikum der Unschuld versehen und seine Gegenwart als eine Fortsetzung des Vorangegangenen betrachten. Mindestens müßte man eine Zäsur zwischen den alten und den neuen Zustand der Unschuld setzen, insofern der erste ja als Ausgangspunkt vorgegeben, während der zweite ein selbst gewählter Zustand ist. Oder ist der Geist doch schuldig geworden, insofern er ja die ursprüngliche Einheit zerstört hat, konnte aber im selben Moment eine neue leiblich-seelisch-geistige Einheit begründen, die das Böse sofort eliminierte? In dem Fall wäre seine Schuld im Ansatz zugleich wieder aufgehoben worden. Aber ist ein solches momentweises Zusammenfallen von Gut und Böse überhaupt vorstellbar? Wieso hebt die menschliche Freiheit mit einem destruktiven Akt an, um ihre Konstruktivität unter Beweis zu stellen? Hier scheint nur die Analogie eines Künstlers zu helfen, der, um seine künstlerische Kreativität unter Beweis zu stellen und sich selbst als Künstler zu verwirklichen, das bereits ohne sein Zutun vorhandene Kunstwerk zerstören muß, da er für die Herstellung eines neuen Werks keine anderen Materialien besitzt als die im alten Kunstwerk verarbeiteten.

3. Bedeutungstheoretische Analysen

Unser Verständnis von Gut und Böse hängt wesentlich von der Bedeutung ab, die wir mit den Wörtern verbinden. Friedrich Nietzsche machte darauf aufmerksam, daß wir der Verführung durch die Sprache erliegen, wenn wir davon ausgehen, daß die Sprache ein neutrales Medium ist, das Sachverhalte unverfälscht übermittelt. Ganz im Gegenteil enthalte die Sprache nicht nur die „versteinerten Grundirrthümer der Vernunft" (*Genealogie der Moral:* 5, 279), sondern bestehe aus lauter Vorurteilen im wortwörtlichen Sinn: Mit den Wörtern samt ihren Bedeutungsfeldern werden uns die Urteile unserer Vorfahren und Urahnen überliefert, deren Ansichten und Wertschätzungen sich gleichsam in der Sprache sedimentiert haben, ohne daß wir es merken. Nietzsche hat sich besonders für unsere moralischen Vor-Urteile interessiert, weil er nachweisen wollte, daß mit gut und böse keine natürlichen Eigenschaften gemeint sind, die Handlungen an sich substantiell zukommen, sondern daß sie menschliche Erfindungen sind, Fiktionen, die ursprünglich zum Zweck der Durchsetzung von Eigentinteressen aufgebaut wurden und im Verlauf der Zeit kanonische Geltung erhielten. Was sich am längsten und am hartnäckigsten durchgehalten hat, dem wird schließlich eine überzeitliche Gültigkeit zugesprochen im Sinne eines normativen Aprioris, so z.B. dem göttlichen Verbot: „*Aus dem Paradiese. – ,Gut und böse sind die Vorurtheile Gottes'* – sagte die Schlange" (*Fröhliche Wissenschaft:* 3, 517). Und die Schlange hat die Wahrheit gesagt, denn Gott war der erste, der seinem Willen Nachdruck verlieh, indem er ihm erwünschtes Verhalten quasi mit einem Pluszeichen, unerwünschtes hingegen mit einem Minuszeichen versah.

In *Jenseits von Gut und Böse* (1886) will Nietzsche den Grundstein für eine Moral legen, die ohne die Wertvorstellungen der christlichen Metaphysik auskommt. Mit der herkömmlichen Moral sollen auch deren grundlegende Kategorien des Guten und Bösen überwunden werden. Nicht die Wörter werden verschwinden – Nietzsche bedient sich nach wie vor der Sprache der alten Moral –, sondern ihre Bedeutung wird sich ändern, sobald die Verlogenheit eines an ewigen Werten festgemachten Wertekatalogs erkannt und als Strategie der Schwachen und Zukurzgekommenen durchschaut ist, die ihre Schwäche zu Verdienst und Tugend umlügen, indem sie die starken Individuen mit dem Bann des Bösen belegen, um Gefahr von sich abzuwenden.

> [...] die Furcht ist [...] die Mutter der Moral. An den höchsten und stärksten Trieben, wenn sie, leidenschaftlich ausbrechend, den Einzelnen weit über den Durchschnitt und die Niederung des Heerdengewissens hinaus und hinauf treiben, geht das Selbstgefühl der Gemeinde zu Grunde, ihr Glaube an sich, ihr Rückgrat gleichsam, zerbricht: folglich wird man gerade diese Triebe am besten brandmarken und verleumden. Die hohe unabhängige Geistigkeit, der Wille zum Alleinstehn, die grosse Vernunft schon werden als Gefahr empfunden; Alles, was den Einzelnen über die Heerde hinaushebt und dem Nächsten Furcht macht, heisst von nun an *böse;* die billige, bescheidene, sich einordnende, gleichsetzende Gesinnung, das *Mittelmaass* der Begierden, kommt zu moralischen Namen und Ehren (*Jenseits von Gut und Böse:* 3, 122 f.).

Die Sprache wird zum Instrument der Macht der Vielen, der Mittelmäßigen, die ihre Durchschnittsfähigkeiten zum Maß aller Dinge erheben und das für gut erklären, was der „Herde" nützt, und was ihr schaden könnte, als böse ausgeben, wobei sie – um ihre niedrige Gesinnung, ihren Neid und ihr Ressentiment gegenüber den großen Individuen zu verbergen – so tun, als ob diese einen Defekt hätten, der sich objektiv beweisen läßt, während sie in Wirklichkeit deren als bedrohlich empfundenes, da den Durchschnitt weit überragendes Können sprachlich stigmatisieren. In *Zur Genealogie der Moral* (1887) verfolgt Nietzsche die Frage nach der Herkunft unserer moralischen Vorurteile weiter: „unter welchen

Bedingungen erfand sich der Mensch jene Werturtheile gut und böse? *und welchen Werth haben sie selbst?"* (*Genealogie:* 249 f.). Um diese Frage zu beantworten, schickt er sich an, das versteckte Land der Moral „gleichsam mit neuen Augen zu bereisen" und die „schwer zu entziffernde Hieroglyphenschrift der menschlichen Moral-Vergangenheit" aufzuschlüsseln (ebd., 254). Dabei entdeckt er, daß sich die Verwendung des Wortes „gut" ursprünglich den Selbstzuschreibungen von „Vornehmen, Mächtigen, Höhergestellten und Hochgesinnten" verdankt, „welche sich selbst und ihr Thun als gut, nämlich als ersten Ranges empfanden und ansetzten, im Gegensatz zu allem Niedrigen, Niedrig-Gesinnten, Gemeinen und Pöbelhaften" (ebd., 259). Was diese (nicht durch edle Geburt, sondern durch sich selbst geadelten) Aristokraten sprachlich auszeichneten, indem sie ihm mittels des Wortes „gut" einen Wert aufprägten, begründete eine „Herrenmoral", in welcher sich die Macht hochstehender Individuen dokumentiert, die imstande sind, Werte zu schaffen, und mit dem ‚Vermögen', ihrer selbst immer mächtiger zu werden, ihren „Willen zur Macht" demonstrieren. Der Gegenbegriff zu diesem ursprünglich aristokratischen Verständnis von „gut" ist „schlecht". Nietzsche leitet ‚schlecht' von ‚schlicht' ab (ebd., 261 f.) und bezieht es auf den gemeinen, einfachen Mann, der rangmäßig unterhalb der vornehmen Guten stand, ohne dadurch diskriminiert – ‚schlecht' im modernen Sprachgebrauch – zu sein.

„Böse" als Gegenbegriff zu „gut" wurde erst im Christentum erfunden, dessen Repräsentanten „die aristokratische Werthgleichung (gut = vornehm = mächtig = schön = glücklich = gottgeliebt)" (ebd., 267) umkehrten und die Armen, Elenden, Niedrigen für die eigentlich Guten, von Gott Geliebten erklärten, wobei sie im Gegenzug die ursprünglich Guten verteufelten: „ihr Vornehmen und Gewaltigen, ihr seid in alle Ewigkeit die Bösen, die Grausamen, die Lüsternen, die Unersättlichen, die Gottlosen" (ebd.). Als Urheber der Fiktion des „Bösen" identifiziert Nietzsche die Priester, seit jeher die „ganz grossen Hasser der Weltgeschichte" (ebd.), deren Seele „schielt" (ebd., 272), weil der Neid auf die selbstbewußten und ihrer selbst mächtigen großen Individuen ihnen ihre eigene Ohnmacht desto spürbarer macht. Auf der Suche nach Möglichkeiten, sich ebenfalls Macht zu verschaffen, pervertierten sie einfach die Moral der Vornehmen, denn aufgrund ihrer listigen, ressentimentgetränkten und von Rachegefühlen geleiteten Verschlagenheit erkannten sie hellsichtig, „dass der Mensch das *noch nicht festgestellte Thier* ist" (*Jenseits von Gut und Böse:* 81), und so beschlossen sie, die von den „Guten" vorgenommenen Feststellungen durch eine neue Bestimmung zu überschreiben und so das ‚Wesen' des Menschen ihren Interessen gemäß festzuschreiben:

> Gerade umgekehrt also wie bei dem Vornehmen, der den Grundbegriff „gut" voraus und spontan, nämlich von sich aus concipirt und von da aus erst eine Vorstellung von „schlecht" sich schafft! Dies „schlecht" vornehmen Ursprungs und jenes „böse" aus dem Braukessel des ungesättigten Hasses – das erste eine Nachschöpfung, ein Nebenher, eine Complementärfarbe, das zweite dagegen das Original, der Anfang, die eigentliche *That* in der Conception einer Sklaven-Moral – wie verschieden stehen die beiden scheinbar demselben Begriff „gut" entgegengestellten Worte „schlecht" und „böse" da! Aber es ist *nicht* derselbe Begriff „gut": vielmehr frage man sich doch, *wer* eigentlich „böse" ist, im Sinne der Moral des Ressentiment. In aller Strenge geantwortet: *eben* der „Gute" der andren Moral, eben der Vornehme, der Mächtige, der Herrschende, nur umgefärbt, nur umgedeutet, nur umgesehn durch das Giftauge des Ressentiment (*Genealogie:* 274).

Die Priester erfanden einen Gott, um als dessen Sprachrohr ihren Definitionen von Gut und Böse Nachdruck zu verleihen und die Masse durch eine – an die Stelle der Herrenmoral des autonomen Individuums getretene – Sklavenmoral zu gehorsamem Herdenvieh abzurichten, das sich den Geboten eines als transzendent ausgegebenen Wesens willig unterwirft. Der auf diese Weise fügsam und damit berechenbar gemachte Mensch wird mit den Mitteln der Moral gleichsam entschärft. Dazu angehalten, seine Instinkte in sich abzutöten, durch Askese alle überschießenden Kräfte zu zügeln und den Eigenwillen zu unterdrücken, erliegt er der Suggestion, auf diese Weise das Böse in ihm zu vernichten. Für Nietzsche ist dies eine Programmierung auf „das Gute" durch Verdummung: „Den Willen aber überhaupt eliminiren, die Affekte sammt und sonders aushängen, [...] hiesse das nicht den Intellekt *castriren?*" (ebd., 365).

Um Macht über Menschen zu gewinnen, war es nötig, sie auf Herdenmaß zurechtzustutzen und ihnen einzureden, daß sie große Schuld auf sich laden, wenn sie dieses Maß überschritten – unermeßliche Schuld, da sie nicht nur der Gemeinschaft schadeten, sondern den Willen Gottes mißachteten. Auch in diesem Begriff der Schuld sieht Nietzsche eine Umdeutung der ursprünglichen Bedeutung durch die ressentimentgetränkte Moral. ‚Schuld' leite sich von ‚Schulden' her und stamme aus dem Obligationenrecht, dem zufolge jemand, der Schulden gemacht hat, den dadurch angerichteten Schaden wieder gut machen muß. Sollte er dazu materiell nicht in der Lage sein, räumt er dem Gläubiger das Recht auf Genugtuung ein, das diesen berechtigt, gegen den Schuldner Vergeltungsmaßnahmen zu ergreifen und ihn zu bestrafen, indem er ihm einen vergleichbaren Schmerz zufügt. Die von Gläubiger und Schuldner als gerecht anerkannte Strafe stellt zwischen beiden den Ausgleich wieder her (ebd., 297 ff.). Die christliche Moral hat den Menschen zum Schuldner Gottes erklärt, wobei sie die Schulden gegenüber der Gottheit so unverhältnismäßig hoch angesetzt hat, daß der Mensch sie lebenslang abbezahlen muß, ohne doch je einen Ausgleich zu erreichen. So wird er vom Schuldner zum Schuldigen umgedeutet, der seine Schuld als schlechtes Gewissen verinnerlicht, das ihn daran erinnert, daß er Strafe verdient und zurecht an sich leidet. Nietzsche betrachtet dieses Leiden des Menschen am Menschen „als die Folge einer gewaltsamen Abtrennung von der thierischen Vergangenheit, [...] einer Kriegserklärung gegen die alten Instinkte, auf denen bis dahin seine Kraft, Lust und Fruchtbarkeit beruhte" (ebd., 323). Es handelt sich also nicht um eine Strafe, die wirklich gemachte Schulden kompensieren soll, sondern um ein künstlich herbeigeführtes Leiden, das allein deshalb erzeugt wurde, um die Zähmungs- und Kastrationsrituale zu rechtfertigen, mittels welcher die selbst ernann-

ten Heiler und Sinnverwalter als Stellvertreter „des Guten"
ihre Macht über „die Bösen" ausüben.

Nietzsche will keineswegs einem Krieg aller gegen alle das
Wort reden, aber für seine Bestimmung von Gut und Böse ist
die Einbeziehung der „thierischen Vergangenheit" des Menschen unabdingbar, insofern der Mensch, um sich über sich
hinaus zu entwickeln und in seinen Fähigkeiten zu steigern,
auf seine natürlichen Kräfte – seine „Instinkte" und „Affekte"
– angewiesen ist, wie Zarathustra dies einem Schüler am Beispiel eines hochgewachsenen Baumes erläutert: „es ist mit
dem Menschen wie mit dem Baume. Je mehr er hinauf in die
Höhe und Helle will, um so stärker streben seine Wurzeln
erdwärts, abwärts, in's Dunkle, Tiefe, – in's Böse" (*Also
sprach Zarathustra*: 4, 51). Gut und Böse bezeichnen also
keine kontradiktorischen, sich gegenseitig ausschließende,
sondern polare Gegensätze, die sich gegenseitig bedingen. Das
Streben nach dem Guten als dem Idealen bedarf eines Gegen-
gewichts, das ihm festen Halt im Materiellen gibt und dafür
sorgt, daß der Geist nicht abhebt, um sich in abstrakten Sinn-
gebilden zu verlieren, sondern den Leib, aus dem er seine ganze Kraft zieht, mit Sinn erfüllt.

Die Geschichte von Gut und Böse muß demnach von Anfang an neu erzählt und ihre Genealogie auf der Folie der
christlichen Moral verworfen werden, damit ein anderes Verständnis möglich wird. Für Nietzsche zeigt sich der Übergang
vom Tier zum Menschen darin, daß er sich selbst und die
Dinge mit einem Wert versieht, indem er sie bezeichnet: „der
Mensch bezeichnete sich als das Wesen, welches Werthe
misst, werthet und misst, als das ‚abschätzende Thier an
sich'" (*Genealogie*: 306). In der Bezeichnung einer Sache
drückt sich zugleich die Wertschätzung aus, die ihr entgegen-
gebracht wird:

> Wahrlich die Menschen gaben sich all ihr Gutes und Böses. Wahrlich,
> sie nahmen es nicht, sie fanden es nicht, nicht fiel es ihnen als Stimme
> vom Himmel. Werthe legte erst der Mensch in die Dinge, sich zu erhal-
> ten, – er schuf erst den Dingen Sinn, einen Mensch-Sinn! Darum nennt
> er sich „Mensch", das ist: der Schätzende. [...] Durch das Schätzen erst

giebt es Werth: und ohne das Schätzen wäre die Nuss des Daseins hohl (*Also sprach Zarathustra*: 75).

Anfangs waren es nach Nietzsche nicht einzelne, die das, was sie hochschätzten, auf ihren persönlichen Wertetafeln verzeichneten, sondern Gruppen und Völker, deren Mitglieder ihren Moralkodex gemeinsam festlegten, indem sie bestimmte Verhaltensmuster als „gut" auszeichneten, andere – und zwar besonders die von den Nachbarn praktizierten Regeln, von deren weniger hochstehender Moralität sie sich abgrenzen wollten – als „böse" deklarierten und entsprechend mit einem Unwert ausstatteten:

> [...]jedes Volk spricht seine Zunge des Guten und des Bösen: die versteht der Nachbar nicht. Seine Sprache erfand es sich in Sitten und Rechten. [...] Viele Länder sah Zarathustra und viele Völker: so entdeckte er vieler Völker Gutes und Böses. Keine grössere Macht fand Zarathustra auf Erden, als gut und böse. Leben könnte kein Volk, das nicht erst schätzte; will es sich aber erhalten, so darf es nicht schätzen, wie der Nachbar schätzt. Vieles, das diesem Volke gut hiess, hiess einem andern Hohn und Schmach: also fand ich's. Vieles fand ich hier böse genannt und dort mit purpurnen Ehren geputzt. Nie verstand ein Nachbar den andern: stets verwunderte sich seine Seele ob des Nachbarn Wahn und Bosheit (ebd., 61, 74).

Die Entstehung unterschiedlicher Moralen führt Nietzsche demnach auf eine Art Wettbewerb unter benachbarten Völkern zurück. In ihrem Bestreben, besser zu sein als die anderen, schrieben sie sich herausragende Fähigkeiten zu und setzten alles daran, diese in der Praxis unter Beweis zu stellen. Aber letztlich waren die unter höchst verschiedenen inneren und äußeren Bedingungen erbrachten kulturellen Leistungen gar nicht miteinander vergleichbar, so daß die moralischen Prinzipien und Wertvorstellungen, die ein Volk als Inbegriff des Guten ausbildete, nicht wirklich miteinander konkurrieren konnten: Das Gute der einen war das Böse der anderen und umgekehrt.

Nietzsche rekonstruiert den Ursprung von Gut und Böse als „eine *Zeichensprache der Affekte*" (*Jenseits von Gut und Böse*: 107): Das nicht festgestellte Tier gibt sich den Namen

Mensch und bekundet damit seine Absicht, allem von ihm Hochgeschätzten den Stempel seines Willens als Gütezeichen aufzudrücken. Mittels seiner in Moral und Recht zusammengefaßten Werte und Normen legt es das für es als verbindlich Erachtete fest und stellt damit sich selbst fest: Nun ist es zu einem als Mensch festgestellten Tier geworden, das sich durch seine Regeln definiert und in Begriffen von Gut und Böse artikuliert. Auch nachdem der einzelne sich aus dem Kollektiv immer mehr emanzipiert hat, muß er seine Individualität durch die fortgesetzte Tätigkeit des Werteschaffens prägen und damit sein Gutes in jedem Augenblick neu erzeugen. Dieses Gute bedarf des Bösen als seines Widerparts, dessen Überwindung den Kreislauf des Selbstwerdens in Gang hält: „Und wie die Welt ihm auseinander rollte, so rollt sie ihm wieder in Ringen zusammen, als das Werden des Guten durch das Böse" (*Also sprach Zarathustra:* 78). Dieses Böse ist ein relativ Böses, ein für die Erreichung des Guten notwendiger Anstoß, der das Selbstwerden vorantreibt, indem er das Individuum dazu nötigt, sich einen definitiven Wert zuzuschreiben, dessen Status des Noch-nicht-verwirklicht-Seins ‚böse' ist und daher aufgehoben werden muß. Für Nietzsche ist es das Konzept des Über-Menschen, durch das der moderne nachchristliche und nachmetaphysische Mensch sich in seinem Wert definieren soll. Dieser neue Typus Mensch stellt sich jenseits von Gut und Böse im traditionellen Verständnis als ein Wesen fest, das sich aus sich heraus in seinem Gut- und Bösesein prozessual bestimmt und im Zuge dieser Selbstbestimmung seinen Willen zur Macht als produktives Können – im Sinne eines Seiner-selbst-mächtig-sein-Könnens – durch die Tat beweist.

In der sprachanalytisch ausgerichteten angelsächsischen Ethik des 20. Jahrhunderts („Metaethik") wurde intensiv über die Bedeutung des Wortes ‚gut' und weiterer zum Sprachspiel der Moral gehörender Wörter nachgedacht, doch anders als bei Nietzsche interessiert dort nicht die Herkunftsgeschichte der Wörter im moralischen Kontext der kulturellen Evolution des Menschen bzw. deren genealogische Rekonstruktion, sondern im Vordergrund steht eine Beschreibung der unterschiedlichen Verwendungsweisen von ‚gut‘ in alltagssprachlichen Zusammenhängen. Es fällt auf, daß der Gebrauch des Wortes ‚böse‘ immer mehr in den Hintergrund tritt. Das Gegenteil von ‚gut‘ läßt sich zwar auf der Folie des als gut Charakterisierten erschließen, aber zur Bezeichnung des Nichtguten wird in der Regel das Wort ‚schlecht‘ herangezogen, selten das stärkere ‚böse‘.

‚Gut‘ avanciert in der Metaethik zum Wertwort schlechthin, wobei es je nach der vertretenen Richtung als ein irrationales oder rationales Zeichen aufgefaßt wird. Im *Emotivismus* (A.J. Ayer, Ch. L. Stevenson) bedeutet ‚gut‘ nicht eine objektive Eigenschaft an einem Sachverhalt; das Wort fügt der als gut (oder schlecht) beurteilten Sache als solcher überhaupt nichts hinzu, sondern bringt lediglich ein Gefühl des Urteilenden zum Ausdruck. Die Sätze etwa ‚Gerechtigkeit ist gut‘ und ‚Stehlen ist schlecht‘ bedeuten demzufolge dasselbe wie ‚Gerechtigkeit, hurra!‘ und ‚Stehlen, pfui!‘ Indem wir uns so äußern, möchten wir andere dazu bewegen, unsere Gefühle der Begeisterung bzw. des Abscheus zu teilen. Im *Präskriptivismus* (R.M. Hare) hat ‚gut‘ eine wertende Bedeutung, mittels welcher die so bezeichnete Sache empfohlen wird. Wenn etwas instrumentell gut ist, wird der Gegenstand um einer anderen Sache willen empfohlen (ein Feuerlöscher zur Bekämpfung von Bränden, ein Medikament zur Wiederherstellung der Gesundheit). Gut (und schlecht) im moralischen Sinn hingegen wird in der Regel auf Personen und deren Handlungen bezogen, die als vorbildlich (verwerflich) gelten und mittels Lob (Tadel) zur Nachahmung (Meidung) empfohlen werden. Solche Empfehlungen können zwar mit positiven oder negativen Gefühlen verbunden sein, aber sie sind durchaus nicht irrational, da wir uns zu ihrer Begründung auf Gütestandards (für Waren) bzw. einen Moralkodex oder Wertekatalog (für Handlungen) beziehen können, deren Maßstäbe verbindlich festlegen, welchen Kriterien eine Sache oder Person entsprechen muß, um zurecht als gut (oder bei Nichtentsprechung: als schlecht) bezeichnet zu werden. Im *Intuitionismus* (G.E.

Moore, W. D. Ross) bedeutet ‚gut' eine einfache, undefinierbare Qualität, welche einer Sache aus Gründen zugesprochen wird, die rational nicht mehr ableitbar sind, gleichwohl aber, sofern sie auf Intuition und damit auf einer unmittelbaren Einsicht beruhen, einen kognitiven Anspruch erheben dürfen. Ob etwas an sich gut oder instrumentell gut ist, kann durch einen einfachen Test herausgefunden werden: Man isoliere die fragliche Sache aus allen kontextuellen Bezügen, in denen sie steht, und frage sich, ob sie auch dann, wenn sie für sich allein existiert, noch gut ist. Auf diese Weise läßt sich zeigen, daß alles, was nur gut zu etwas anderem ist (eine gute Therapie, ein guter Beruf), seine Güte verliert, wenn man es losgelöst von seinem Ziel oder Zweck (Gesundheit, Existenz) betrachtet. Moore zählt Liebe zur Wahrheit, persönliche Zuneigung und Wertschätzung des Schönen in Kunst oder Natur zu den höchsten Gütern und damit zum an sich Guten, während er Bewunderung des Schlechten oder Häßlichen, Liebe zum Bösen, Haß auf das Gute oder Schöne sowie Schmerzen als die größten Übel deklariert (*Principia ethica*: 260–289). Die *Sprechakttheorie* (J. Austin, J. R. Searle) schließlich macht darauf aufmerksam, daß wir nicht nur etwas *sagen,* wenn wir bestimmte Wörter verwenden, sondern daß wir dabei zugleich etwas *tun:* Indem ich auf dem Standesamt ‚ja' sage, vollziehe ich eine Eheschließung. Wenn jemand sagt ‚Der Hund ist bissig' kann er über die bloße Information hinaus eine Warnung, eine Drohung oder eine Empfehlung aussprechen, je nachdem ob er Kinder fernhalten, einen potentiellen Dieb abschrecken oder einen Wachhund verkaufen will. Entsprechend vielfältig sind die ‚Handlungen', die mittels der Wörter ‚gut', ‚schlecht' und ‚böse' vollzogen werden: Ihre Palette reicht von euphorischer Lobpreisung bis zur vollständigen Verurteilung von Gegenständen, Verhaltensweisen und Personen, dazwischen findet sich eine unendliche Zahl von Varianten, mit denen Billigung und Mißbilligung, Zustimmung und Ablehnung als Handlungen vollzogen werden. Daß wir mit Wörtern etwas tun, bestätigt auch die Reaktion der Adressaten, die sich geschmeichelt, dankbar, erfreut, enttäuscht, mißverstanden, angegriffen, beleidigt, verletzt, empört zeigen und entsprechend positiv bzw. negativ Stellung zu dem Geäußerten beziehen oder verbale Gegenattacken reiten. Verbalinjurien sind überdies strafbare Handlungen.

Die Annäherung an Gut und Böse über die Etymologie der Wörter und die Bedeutung, die sie im Sprachgebrauch haben, ist aufschlußreich und bildet ein wichtiges Korrektiv für unser Selbstverständnis. Die Kritik von Vorurteilen, soweit sie auf Fehlinformationen, Mißverständnissen oder falschem Wortgebrauch beruhen, läßt die Besonderheit moralischer Urteile, ihre Spielarten und Funktionen klarer hervortreten. Bedeutungsanalysen tragen dazu bei, daß wir besser verstehen, was mit ‚gut‘ und ‚böse‘ gemeint ist und wie wir diese Wörter richtig verwenden. Aber wissen wir nun genauer, woher das mit ‚gut‘ und ‚böse‘ Bezeichnete kommt, welche seine Gründe und Ursachen sind? Nietzsche verweist auf die schöpferische Kraft der großen Individuen einerseits und das Ressentiment der Schlechtweggekommenen andererseits, die sich nicht damit abfinden, weniger gut dazustehen als andere, und auf Rache sinnen. Aber warum wählen sie nicht einen anderen Weg, um natürliche Ungleichheiten für alle Betroffenen erträglich zu machen? Sie könnten von der Größe einzelner profitieren, indem sie diese nach Kräften unterstützen, anstatt auf Mittel zu sinnen, wie sie auf ein Mittelmaß zurechtgestutzt und damit klein und ohnmächtig gemacht werden können. Die großen Individuen ihrerseits könnten ihre Gaben so entfalten, daß dies auch der Gemeinschaft zugute kommt, deren Förderung sie in Anspruch nehmen. Es bleibt also die Frage, warum das Gute nur auf dem Boden von Haß, Neid und Streit gedeiht. Warum werden die Menschen nur durch die Erfahrung des Bösen klug? Müssen sie nicht befürchten, unterwegs zum projektierten Guten im Bösen steckenzubleiben? Gibt es Möglichkeiten, um diese Katastrophe abzuwenden?

IV. Utopische Entwürfe von Gut und Böse

Pädagogen, Philosophen und Theologen haben sich seit jeher
Gedanken darüber gemacht, wie man Menschen für das Gute
konditionieren kann. Entsprechend haben sie Erziehungskon-
zepte und -programme entwickelt, die auf Vermeidung des
Bösen und Förderung des Guten abzielen. Am radikalsten waren diesbezüglich die Utopisten. Ausgehend von der Einsicht,
daß es nicht genügt, Maßnahmen für eine verbesserte Erziehung der Kinder ins Auge zu fassen, solange die Gesellschaft
durch und durch verdorben ist und aufgrund ihres schlechten
Vorbilds jeden moralischen Fortschritt bremst, entwarfen sie
Typen einer idealen Gesellschaft gleichsam am Reißbrett der
ethisch-praktischen Vernunft, die – mit Gut und Böse experi-
mentierend – unter Zuhilfenahme der Phantasie eine kollektive Lebensform skizziert, für die der Anspruch erhoben wird,
daß sie ein für alle gutes Leben ermöglicht. Dem Problem,
daß erst die Erzieher selbst erzogen werden müssen, bevor sie
gute Erziehungsarbeit leisten, wurde in den klassischen Utopi-
en dadurch abgeholfen, daß entweder eine kleine Gruppe von
Idealisten, die einen völligen Neuanfang wagen wollten, oder
Überlebende einer großen Katastrophe, die eine bunt zusam-
mengewürfelte Notgemeinschaft bildeten, in einem abge-
schiedenen Raum – auf einer unbekannten Insel oder irgend-
wo im Niemandsland (*ou topos* bedeutet wörtlich: kein Ort,
nirgends) – damit begannen, einvernehmlich nach Regeln zu
suchen, die eine unüberbietbar wünschenswerte Gesell-
schaftsstruktur hervorbringen sollten. So gab Thomas Morus,
der das Wort *Utopie* erfunden hat, seinem Werk den Titel:
Von der besten Staatsverfassung und der neuen Insel Utopia
(1516).

Eingedenk der schlimmen Erfahrungen ihrer Vergangenheit
und festen Willens, die alten Fehler nicht zu wiederholen, machen sich die Konstrukteure einer neuen Gesellschaft daran,
die Idee des Guten sozial-politisch umzusetzen, sei es, daß sie
wie in Platons *Politeia* die Regierungsgeschäfte in die Hände

von Weisen legen, die nach jahrzehntelanger Ausbildung an der Spitze eines Drei-Ständestaates dafür Sorge tragen, daß in der Kindererziehung das Prinzip der Chancengleichheit und in der Gemeinschaft der Bürger das Prinzip der Gerechtigkeit befolgt wird; sei es, daß sie wie in Morus' *Utopia* eine kommunistische, auf Privateigentum und hierarchische Strukturen keinen Wert legende Gemeinschaft propagieren, der es ausschließlich um das Gemeinwohl geht; sei es, daß sie wie in Tommaso Campanellas *Sonnenstaat* (1623) die Amtsträger mit dem Namen von Tugenden versehen, so daß sie und die vier ranghöchsten Staatsbeamten (Macht, Weisheit, Liebe sowie der diesen übergeordnete Metaphysikus) einen personifizierten Moralkodex darstellen; sei es schließlich, daß sie wie in Francis Bacons *Nova Atlantis* (1638) einer Gruppe von Ordensbrüdern, die zugleich Wissenschaftler sind, die Regierung anvertrauen und damit die weltliche Macht auf ein religiöses Fundament stellen. In späteren, technisch versierteren Utopien sind es Gesellschaften auf einem anderen Stern oder an fiktiven Örtlichkeiten, über deren vorbildliche, auf ethischen Normen beruhende Verfassung Abenteurer berichten, die der Zufall dorthin verschlagen hat.

Immer dienen die geschilderten Idealzustände jedoch als Spiegel für die bestehenden Mißverhältnisse, deren Kritik die Augen für das faktische Böse und dessen gesellschaftliche Ursachen öffnen soll. Thomas Morus macht die Selbstsucht und die Habgier des Adels dafür verantwortlich, daß es so viele Diebe und Landstreicher gibt, die – da man die Bauern von ihrem für die Schafzucht eingezäunten Land vertrieben hat – aus schierer Not stehlen. Man müsse nur die sozialen Bedingungen ändern, um bessere Verhältnisse zu bekommen:

Verfügt, daß entweder die Leute, die Gehöfte und Dörfer vernichtet haben, sie wieder aufbauen oder sie an die abtreten, die bereit sind, sie wiederherzustellen oder neu zu errichten! Schränkt diese Aufkäufe der Reichen ein und die Möglichkeit, sie wie ein Monopol zu handhaben! Laßt nicht so viele vom Müßiggang leben! Stellt die Landwirtschaft wieder her! Belebt die Wollspinnerei! Somit hättet ihr ein ehrliches Gewerbe, in dem sich diese müßige Schar nützlich betätigen könnte:

einmal die Leute, die die Not bisher zu Dieben machte, dann auch die, die jetzt als Landstreicher oder faulenzende Dienstleute herumlungern, beides zweifellos künftige Diebe. Gewiß, wenn ihr diesen Übeln nicht steuert, prahlt ihr vergeblich mit eurer Gerechtigkeit bei der Ahndung der Diebstähle; sie ist nämlich mehr in die Augen fallend als gerecht oder nützlich. Wenn ihr nämlich zulaßt, daß die Menschen grundschlecht erzogen und ihre Sitten von Kind auf allmählich verdorben werden, daß sie erst dann bestraft werden sollen, wenn sie als Männer die Schandtaten begehen, auf die sie von ihrer Kindheit an ständig hoffen ließen, was anders, so frage ich, als Diebe züchtet ihr, um sie dann zu hängen? [...] Das also ist [...] die gesetzliche Regelung, die ich meinte. Wie menschlich und zweckmäßig sie ist, leuchtet ohne weiteres ein, da sie so streng ist, daß sie die Vergehen verhütet, während sie die Menschen schont und so behandelt, daß sie gut sein müssen und den Schaden, den sie vorher angerichtet haben, durch ihr weiteres Leben wieder gutmachen (*Utopia*: 28, 32).

Man muß also Bedingungen schaffen, die die Menschen unbeirrbar auf das Gute ausrichten, wenn man das Böse verhindern will. Gleichheit und soziale Gerechtigkeit sind diese Bedingungen, und alle Utopisten unterstellen, daß man sie herstellen kann. Doch gehen ihre Vorschläge, *wie* man sie herstellen soll, weit auseinander. Während die einen es für ausreichend halten, die Mitglieder der Gemeinschaft durch eine umfassende, ganzheitliche, lebenslange Ausbildung sowohl in theoretisch-wissenschaftlichen als auch in praktisch-politischen Belangen zu aufgeklärten Bürgern zu erziehen, die stets nach bestem Wissen und Gewissen ihre Entscheidungen treffen, gehen die anderen noch einen Schritt weiter, indem sie schon die Zeugung durch Zusammenführung zueinander passender Partner und die Errechnung günstiger Gestirnkonstellationen positiv zu beeinflussen suchen. Wieder andere plädieren für eine Frauen- und Kindergemeinschaft, um den sozialen Zusammenhalt zu fördern: Wenn die Frauen und Kinder allen erwachsenen Männern gehören, fühlen diese sich für das Wohlergehen der Gemeinschaft als einer großen Familie verantwortlich.

Es zeigt sich jedoch, daß es trotz bester Bedingungen immer wieder einzelne gibt, die von den Normen abweichen und kleinere oder größere Schönheitsfehler in dem wohlgeordneten Ganzen darstellen. Wenn drastische Umerziehungsmaßnahmen nichts nutzen, werden diese das Böse verkörpernde Störenfriede gewaltsam beseitigt, um den sozialen Frieden aufrechtzuerhalten. Schon in den klassischen Utopien neigt die ethisch-praktische Vernunft als Konstrukteurin der idealen Gesellschaft zum Terror, sobald sie feststellt, daß sich die Menschen nicht einfach zum Guten zwingen lassen. Da es in einem System des Guten kein Böses geben darf, kann es sich nur um Unvernunft handeln, wenn jemand gegen das System verstößt, und solche Auswüchse von Unvernunft mit allen Mitteln zu bekämpfen ist ethisch geboten. Die Vernunft autorisiert sich also selbst zur Unterdrückung der Systemabweichler. Dabei schießt sie jedoch über das Ziel hinaus und macht sich zum Anwalt des Bösen, wenn sie ihr ursprüngliches Ziel, eine konfliktfreie Interaktionsgemeinschaft moralisch und rechtlich gleichgestellter Individuen zu schaffen, aus den Augen verliert und schließlich Gleichheit durch radikale Ausmerzung von Verschiedenheit zu erzeugen trachtet. Der einzelne wird unter dem Diktat einer sich zunehmend technischer und pragmatischer gebenden Vernunft immer gleichförmiger gemacht, seine Individualität soll ebenso wie seine persönliche Privatsphäre zum Verschwinden gebracht werden, bis am Schluß eine Einheitsgesellschaft nach dem Modell einer reibungslos funktionierenden Maschine entsteht, die das Gute als den Inbegriff von Zweckrationalität, Nutzen und Effizienz repräsentiert – um den Preis der Freiheit.

Fast könnte man sagen, daß die praktische Vernunft über ihr eigenes Prinzip, das Prinzip der Freiheit nämlich, verzweifelt und schließlich entartet, denn indem sie die eine Seite der Freiheit – das Böse – mit den Mitteln der Gewalt auszurotten trachtet, um nur die andere Seite – das Gute – übrigzubehalten, hebt sie die Freiheit als ganze auf und ersetzt sie durch das Prinzip der Unfreiheit. Ihrem Versuch, den Teufel mit dem Beelzebub auszutreiben, kann kein Erfolg beschieden sein. Dies ist die Einsicht, die den Anti-Utopien des 20. Jahrhunderts zugrundeliegt. Jewgenij Samjatin läßt den Protagonisten seines Romans *Wir* (1920), den Ingenieur

D-503 sagen: „Ist die Freiheit des Menschen gleich Null, begeht er keine Verbrechen. Das ist völlig klar. Das einzige Mittel, den Menschen vor dem Verbrechen zu bewahren, ist, ihn vor der Freiheit zu bewahren" (*Wir*: 37). Um die Menschen vor sich selbst zu schützen, muß man sie aus „dem unzivilisierten Zustand der Freiheit" erlösen und „unter das segensreiche Joch der Vernunft beugen" (ebd., 5). Deren Forderung nach absoluter Gleichheit verwirklicht sich im Kollektiv, dessen Mitglieder nur noch Nummern sind, von denen keine einzige für sich selbst eine Bedeutung hat. D-503 preist diesen Untergang des Ich im Wir als den Sieg „der Masse über den einzelnen, der Summe über die Zahl" (ebd., 46). In diesem vom „Wohltäter" regierten hochtechnisierten „Einzigen Staat" geschieht alles öffentlich, und der Tagesablauf jeder Nummer ist vollständig durchreglementiert – von der Arbeit bis zur Sexualität. Sämtliche Abläufe unterliegen einem mathematischen Kalkül; selbst die Moralprinzipien sind vermöge der reinigenden Kraft der Logik so konzipiert, daß sie die Menschen und ihre Handlungen exakt berechenbar und damit kontrollierbar machen. Die gläserne grüne Mauer, die um das Staatswesen gezogen wurde, gilt als Symbol für den Triumph des Künstlichen über das Natürliche. „Die Mauer ist wahrscheinlich die bedeutendste Erfindung der Menschheit. Der Mensch hat erst dann aufgehört, ein unzivilisiertes Geschöpf zu sein, als er die erste Mauer errichtete. Zum Kulturmenschen wurde er erst, als wir die Grüne Mauer erbauten und unsere vollkommene Maschinenwelt von dieser unvernünftigen, häßlichen Welt der Bäume, Vögel und Tiere isolierten" (ebd., 89).

Bezeichnenderweise ist es die Phantasie, die in *Wir* konsequent unterdrückt wird. Wer sich Träumen hingibt oder auch nur das geringste Anzeichen von Originalität und schöpferischer Eigenständigkeit erkennen läßt, gilt als krank. Bei ihm hat sich eine Seele gebildet, die schleunigst beseitigt wird, indem man ihm den Splitter der Phantasie operativ aus dem Gehirn entfernt. Wenn auch das nichts nutzt, bleibt für den Betreffenden nur noch die riesige Tötungsmaschine, die, vom

Wohltäter betätigt, den Delinquenten in Sekundenschnelle auflöst; übrig bleibt von ihm lediglich eine kleine Pfütze chemisch reinen Wassers. D-503 notiert nach einer solchen Hinrichtung begeistert in seinem Tagebuch: „Es war nichts weiter als die Dissoziation der Materie, die Spaltung der Atome des menschlichen Körpers. Dennoch war es jedesmal von neuem ein Wunder, ein Zeichen der übermenschlichen Macht des Wohltäters" (ebd., 49). D-503, aus dem Gleis geworfen durch sein Verhältnis mit der unbotmäßigen I-330, die mit einer Gruppe naturverbundener Menschen aus der alten Welt jenseits der gläsernen Mauer Kontakt hat, ist als Raketeningenieur eine zu wichtige Person im Einzigen Staat, als daß man auf ihn verzichten kann. Also wird ihm durch eine Operation die neu entdeckte Freiheit genommen, zwischen den beiden Lebensformen zu wählen. Anschließend ist er wieder der linientreue Staatsbürger, der er am Anfang der Geschichte war, und ungerührt wohnt er der Folterung der ehemaligen Geliebten bei, denn er hat begriffen:

Die wahre Liebe zur Menschheit ist unmenschlich, und das Kennzeichen der Wahrheit ist ihre Grausamkeit! So wie es das Kennzeichen des Feuers ist, daß es brennt. [...] Im Paradies haben die Menschen keine Wünsche mehr, sie kennen kein Mitleid, keine Liebe, dort gibt es nur Selige, denen man die Phantasie herausoperiert hat (sonst wären sie nicht glücklich), Engel, Knechte Gottes ... (ebd., 196 f.).
Jene beiden im Paradies waren vor die Wahl gestellt: entweder Glück ohne Freiheit – oder Freiheit ohne Glück. Und diese Tölpel wählten die Freiheit – wie konnte es anders sein! Und die natürliche Folge war, daß sie sich jahrhundertelang nach Ketten sehnten. [...] Wir haben Gott geholfen, endlich den Teufel zu überwinden, denn der Teufel war es ja, der die Menschen dazu trieb, das Verbot zu übertreten und von der verderblichen Frucht zu kosten, er, die höllische Schlange. Wir aber haben ihm den Kopf zertreten und sind so in das Paradies zurückgekehrt, sind wieder einfältig und unschuldig wie Adam und Eva. Es gibt kein Gut und Böse mehr (ebd., 61 f.)

An die Stelle des alten, mit der persönlichen Freiheit gesetzten Gegensatzes von Gut und Böse ist ein staatlich sanktioniertes Übergutes getreten, das abzulehnen dem einzelnen keine Wahl gelassen wird. Das Glück ist der Köder, mit dem auch den von Aldous Huxley beschriebenen Bürgern der *Schönen neuen Welt* (1932) der Verzicht auf die Freiheit schmackhaft gemacht werden soll. Ihre Manipulation beginnt schon mit ihrer künstlichen Erzeugung in der Retorte und endet mit ihrer Euthanasie in der Sterbeklinik. Dazwischen liegt ein sechzig Jahre währendes Leben, das in festen, unverrückbaren Bahnen verläuft. Durch chemische Einwirkungen auf die Embryonen, Neo-Pawlowsche Reflexnormung der Kinder und lebenslange hypnopädische Einflüsterungen werden diese Menschen zu gutartigen Tieren abgerichtet, mit dem Unterschied, daß nicht die Natur sie determiniert, sondern der „Weltaufsichtsrat", der nach Maßgabe des globalen Nutzens Bedarfsanalysen erstellt und das erforderliche Menschenmaterial entsprechend präpariert. „Die Vorsehung läßt sich von den Menschen soufflieren" (*Schöne neue Welt*: 204). Damit ist für den einzelnen alles *ab ovo* geregelt, und es bleibt ihm erspart, persönliche Entscheidungen treffen zu müssen. „Seine Normung hat Schienen vor ihn hingelegt, auf denen er laufen muß. Er kann nicht anders, es ist ihm vorbestimmt" (ebd., 193). Der Vorteil dieser wohlgeordneten Lebensform liegt darin, daß das Böse ausgerottet ist. Niemand ist mehr des anderen Feind, keiner neidet dem anderen etwas, weil jeder das Gleiche hat. Obwohl die Gesellschaft aus arbeitsteiligen Gründen in fünf Klassen gegliedert ist – von den intelligenten Alphas bis zu den schwachsinnigen Epsilons –, ist jeder einzelne aufgrund des ihm antrainierten Kastenbewußtseins mit seiner Lebensform zufrieden, da er als Sklave seiner Normung das, was er tun muß, gern tut. Hin und wieder auftretende kleinere depressive Verstimmungen oder Unfälle tun dem großen Glück aller keinen Abbruch, zumal sie sich mit Soma, der vom Staat verteilten euphorisierenden Droge, jederzeit beseitigen lassen.

In der schönen neuen Welt sind die ethischen Prinzipien der „alten" Moral keine Sollensprinzipien mehr, sondern haben den stabilen Status von Naturgesetzen gewonnen. „Alle Menschen sind chemisch-pysikalisch gleich" (ebd., 75). „Heutzutage bleibt der Charakter während des ganzen Lebens unverändert" (ebd., 61). „Jeder ist seines Nächsten Eigentum" (ebd., 49). „Jeder ist heutzutage glücklich" (ebd., 76). Gleichheit, Verläßlichkeit, Brüderlichkeit, Glück – dies sind die tragenden Säulen eines gerechten Staats, der alle seine Bürger gleich behandelt und ihnen ein gutes Leben ohne Angst, Krankheiten, Sorgen und Not ermöglicht. Doch die Wirksamkeit dieser Prinzipien verdankt sich dem Verlust der Freiheit. Über persönliche Freiheit und Demokratie weiß man nur aus Protokollen der alten Welt, die verächtlich abgetan werden. „Über die Freiheit, untüchtig und unglücklich zu sein. Über die Freiheit, ein kantiger Pflock in einem runden Loch zu sein" (ebd., 54). Allein „John der Wilde", der aus einem Reservat stammt, in welchem noch Menschen der alten Welt wie Tiere im Zoo gehalten werden, hat aufgrund seiner Lektüre von Shakespeares Werken noch eine Vorstellung von Freiheit, die er, bevor er zugrundegeht, gegenüber dem Aufsichtsrat der neuen Welt hartnäckig verteidigt:

> „Ich brauche keine Bequemlichkeiten. Ich will Gott, ich will Poesie, ich will wirkliche Gefahren und Freiheit und Tugend. Ich will Sünde." „Kurzum", sagte Mustafa Mannesmann, „Sie fordern das Recht auf Unglück." „Gut denn", erwiderte der Wilde trotzig, „ich fordere das Recht auf Unglück." „Ganz zu schweigen von dem Recht auf Alter, Häßlichkeit und Impotenz, dem Recht auf Syphilis und Krebs, dem Recht auf Hunger und Läuse, dem Recht auf ständige Furcht vor dem nächsten Tag, dem Recht auf typhöses Fieber, dem Recht auf unsägliche Schmerzen jeder Art?" Langes Schweigen. „All' diese Rechte fordere ich", stieß der Wilde endlich hervor (ebd., 208).

Was der Wilde so vehement einklagt, ist das Recht auf freie Entscheidung, wohl wissend, daß die Kehrseite des Guten das Böse ist, damit verbunden alle die Übel, die die Lebensqualität erheblich beeinträchtigen. Und doch zieht der Wilde diese Möglichkeit des Bösen jenem Bösen vor, das er in der schönen neuen Welt sieht, deren Glück mit dem Preis der Menschenwürde erkauft ist. Selbst wenn es mit scheinbar weniger drastischen Eingriffen in die Substanz des Menschen, etwa mit den Mitteln der Verhaltenspsychologie, gelingen sollte, eine aggressionsfreie Gesellschaft zu erzielen, wie Burrhus Frederic Skinner sie in seiner Utopie *Futurum Zwei* (*Walden Two*,

1948) schildert, so ist doch nicht zu übersehen, daß die Konditionierungsmaßnahmen, durch welche die Mitglieder der Gemeinschaft auf das für alle Gute programmiert werden sollen, insofern unmenschlich, ja untermenschlich sind, als sie eine massive Unterdrückung der Freiheit bedeuten. Zwar rechtfertigt die Hauptfigur des Romans, der Verhaltensforscher T. E. Frazier, der das Projekt Futurum II durchgeführt hat, seine Experimente mit Menschen durch den Hinweis, daß seine Versuche einer positiven Verstärkung auf dem aufbauen, was die Betreffenden jeweils wirklich wollen, so daß sie sich gar nicht unfrei fühlen, aber die manipulativ herbeigeführte friedliche Koexistenz verdankt sich einer subtilen Form von Gewalttätigkeit und kann daher nicht als Leistung mündiger, selbstbestimmter Individuen ausgegeben werden.

> Wir können eine Art Aufsicht ausüben, unter der die Beaufsichtigten sich frei fühlen, obgleich sie einem Kodex gehorchen, der viel genauer ist, als es je zuvor in dem alten System der Fall war. Dennoch fühlen sie sich frei. Sie tun, was sie zu tun wünschen, nicht, was ihnen zu tun auferlegt wird. Das ist die Wurzel der ungeheuren Kraft, die in der positiven Verstärkung liegt – hier gibt es kein Sträuben und keine Revolte. [...] Die Frage der Freiheit stellt sich, sobald physisch oder psychologisch Widerstand vorhanden ist. Dennoch ist das Fehlen von Widerstand noch keine Freiheit. Nicht fehlende Behinderung bewirkt, daß man sich ‚frei‘ fühlt, sondern das Fehlen bösartigen Zwanges durch Gewalt. [...] Durch geschickte Planung und kluge Anwendung der Methoden *erhöhen* wir das Freiheitsgefühl. [...] Der Despot muß seine Macht zum Besten anderer gebrauchen. Tut er einen Schritt zur Störung der Endsumme menschlichen Wohles, so wird seine Macht automatisch um das gleiche Quantum verringert. Welche bessere Zügelung eines böswilligen Despoten können Sie sich wünschen? (*Futurum Zwei*: 237 ff.).

Die Erfahrung, daß *negative* Verstärkung durch Verbote, Schmerz- oder Strafandrohung die Menschen nicht davon abhält, Böses zu tun, hat Frazier dazu bewogen, es mit dem Gegenteil zu versuchen, indem er die individuellen Interessen verstärkte und zugleich kanalisierte. Man darf seine Wünsche in potenzierter Form ausleben, doch so, daß sie dem Gemeinwohl nutzen und nicht schaden. Und man will letztlich dem Gemeinwohl nicht schaden – nicht um des Gemeinwohls, sondern um seiner selbst willen, weil man so desto besser und erfolgreicher die eigenen Wünsche erfüllen kann. Der „Trick" dieser Konditionierung besteht darin, daß es gar nicht nötig ist, die Menschen moralisch zu erziehen und dabei all die Fehlschläge und Enttäuschungen in Kauf zu nehmen, die aus Uneinsichtigkeit, Verstocktheit und Böswilligkeit resultieren. Es genügt vielmehr, die egoistischen Bestrebungen so mit dem kollektiven Wohl zu verknüpfen, daß beide Seiten davon profitieren. Da der einzelne nicht merkt, daß er hinsichtlich seiner Interessenbefriedigung gesteuert und ausgenutzt wird, hat er den Eindruck, frei zu handeln und genau das zu tun, was er aus eigenem Antrieb tun will.

Abgesehen davon, daß es moralisch anfechtbar ist, die Menschen bezüglich des Guten systematisch zu täuschen und ihnen vorzugaukeln, daß sie tun und lassen können, was ihnen beliebt, kommt es auf die Motive an, die denjenigen bewegen, der die Fäden des Ganzen zieht. So muß sich denn Frazier den Vorwurf gefallen lassen, daß er, der nicht an das Gute im Menschen glaubt, sein Projekt nur zur Befriedigung persönlicher Machtinteressen durchgeführt habe, was natürlich wiederum seine Theorie der positiven Verstärkung bestätigt. Frazier räumt daher durchaus ein, daß er ein Diktator sei, allerdings: „Nicht mehr als Gott. Oder vielmehr: weniger. Im allgemeinen habe ich die Dinge laufen lassen. Nie bin ich eingeschritten, um böses Tun mit einer Sündflut auszulöschen. Ebensowenig habe ich Propheten ausgesandt, um meinen Willen zu offenbaren und die Menschen bei der Stange zu halten. Mein ursprünglicher Plan hat mit Abweichungen gerechnet und automatische Korrekturen vorgesehen. Das ist immerhin eine Verbesserung der Schöpfungsgeschichte" (ebd., 267). Frazier bekundet damit eine Überlegenheit über Gott, die darin besteht, daß er seinen Geschöpfen die Freiheit wieder nimmt, die Gott ihnen geschenkt hatte, obwohl er wissen mußte, daß sie mit der Wahl zwischen Gut und Böse überfordert waren. Statt dessen beglückt Frazier sie in *Futurum Zwei* mit einer Scheinfreiheit, die es ihm als Verhaltensforscher ermöglicht, sich den Mechanismus von Reiz und Reaktion so zunutze zu machen, daß er das Kollektiv beherrscht und damit seine Machtambitionen uneingeschränkt ausagieren kann, ohne daß die Beherrschten sich dabei als solche fühlen, da jeder einzelne sich selbst für einen Herrscher hält.

Utopien sind keine Zukunftsentwürfe in dem Sinn, daß sie eine Eins-zu-eins-Umsetzung in die Wirklichkeit vorsehen. Ihr Anliegen ist vielmehr ein aufklärerisches, insofern sie den Menschen zeigen, wer sie sind und was sie sein können – im Guten wie im Bösen. Utopien als Gedankenkonstrukte einer mit Lebensformen experimentierenden ethisch-praktischen oder technisch-pragmatischen Vernunft nötigen zur Besinnung und zum Nachdenken über eine menschenwürdige Zukunft, für die heute die Weichen gestellt werden müssen. Hans Jonas hat zwar Utopien vom marxistischen Typ abgelehnt, weil er das Konstrukt eines Reichs der Freiheit, in welchem ein völlig neuer, bisher noch nicht vorgekommener „eigentlicher" Mensch existieren soll, für einen anthropologischen Irrtum hält, aber die von ihm angesichts eines entfesselten technischen Fortschrittsdenkens propagierte „Heuristik der Furcht" weist in dieselbe Richtung wie die modernen Anti-Utopien: „Denn so ist es nun einmal mit uns bestellt: die Erkennung des *malum* ist uns unendlich leichter als die des *bonum* [...]. Über das Schlimme sind wir nicht unsicher, wenn wir es erfahren; über das Gute gewinnen wir Sicherheit meist erst auf dem Umweg über jenes. [...] Was wir *nicht* wollen, wissen wir viel eher als was wir wollen" (*Prinzip Verantwortung:* 63 f.) Man kann nach Jonas ohne das höchste Gut, aber nicht mit dem höchsten Übel leben (ebd., 79). Daher müsse der Unheilsprognose der Vorzug vor dem utopischen Konstrukt einer heilen Welt gegeben werden, damit alles daran gesetzt werde, das Schlimmste – den Selbstmord der Menschheit – zu verhüten. Auch Walter Schulz warnt davor, die Tatsache des Bösen zu verharmlosen, indem man blauäugig unterstellt, daß die Menschen eines Tages nur noch ihrer ethisch-praktischen Vernunft gehorchen und das Gute um des Guten willen tun werden. Er erinnert an die Paradoxie der Ethik, die als solche unaufhebbar ist:

Es ist klar: die Ethik wäre ein bloßes Gedankenspiel folgenloser Innerlichkeit, wenn sie sich nicht um den realen Erfolg einer Optimierung der Menschheit bemühte. Aber wir werden es nie fertigbringen, dem Bösen, das die Geschichte von Anfang an durchwaltet, ein Ende zu bereiten. Diese Einsicht nicht zu verdrängen und dennoch so zu handeln, als ob eine bessere Menschheit eines Tages Wirklichkeit würde, dies ist die Paradoxie, der alle Ethik untersteht (*Philosophie in der veränderten Welt*: 633).

Der Fehler der klassischen Utopisten lag darin, daß sie glaubten, das Gute ohne das Böse ein für allemal verwirklichen zu können. Die Folgen einer sich terroristisch gebärdenden praktischen Vernunft haben die zeitgenössischen Anti-Utopien aufgezeigt. Aber letztlich scheint das Projekt Menschheit immer dann gefährdet zu sein, wenn eines der menschlichen Grundvermögen – Sinnlichkeit, Commonsense, Verstand, Vernunft – verabsolutiert und zur alleinigen Instanz für Gut und Böse erhoben wird. Die Konsequenz ist eine innere Zerrissenheit des Menschlichen, die zur Verrohung führt. Jonathan Swift hat dies in seinem satirischen Roman *Gullivers Reisen* (1726) beispielhaft geschildert. Es sind insgesamt vier verschiedene utopische Gesellschaftsformen, die Gulliver auf seinen Reisen kennenlernt. Das erste Land ist *Lilliput,* das Reich der Zwerge, in dem Swift die ganze Scheinmoral der Hofetikette aufdeckt und ihre Intrigen karikiert. Probleme von der Art, ob man ein Ei am stumpfen oder am spitzen Ende aufschlagen muß, sind für die Bestimmung des guten oder schlechten Charakters eines Menschen von entscheidender Bedeutung. Für die höchsten politischen Ämter ist man durch Fertigkeiten wie Seiltanzen, Springen und Kriechen besonders qualifiziert.

Die zweite Gesellschaft, auf die Gulliver stößt, ist *Brobdingnag,* das Reich der Riesen. Als er dort die Geschichte seines angelsächsischen Volks erzählt, erstaunt der ein friedliches Volk regierende Riesenkönig immer mehr. Ständige Kriege, Mord und Totschlag, Aufruhr, Revolutionen und dergleichen Übel mehr rufen bei ihm Entsetzen hervor, und er stößt heraus: „Die Leute eures Geschlechts sind das ekelhafteste Gewürm, dem die Natur jemals gestattete, auf der Erdoberfläche zu kriechen." In Brobdingnag gibt es keine Streitigkeiten und Konflikte. Wenn es jemandem gelingt, „dort, wo *eine* Kornähre oder *ein* Grashalm wuchsen, deren zwei wachsen zu lassen", so hat er ein größeres Ansehen als sämtliche Politiker zusammen. Der König erläutert seine Vorstellungen von Gut und Böse dahingehend, daß er sagt: „Für mich besteht die ganze Regierungskunst aus ein paar ganz einfachen Prinzipien: gesunder Menschenverstand, Vernunft, Gerechtigkeit und Güte."

Was Swift durch die ersten beiden Reisen Gullivers nach Lilliput und Brobdingnag zeigen will, ist die Relativität alles Menschlichen und der menschlichen Wertvorstellungen. Alles ist nur vergleichsweise groß oder klein, was durch den Helden selber anschaulich demonstriert wird. Vermag er im Land der Lilliputaner eine ganze Flotte mühelos hinter sich herzuziehen, werden ihm im Land der Riesen die Mücken und Fliegen zu einer tödlichen Bedrohung. Wird aus der Perspektive von Lilliput menschliche Kleinheit in Gestalt einer degenerierten, auf Trivialitäten reduzierten Moral in den Blick gerückt, so aus der Perspektivität von Brobdingnag menschliche Größe in Form einer grobschlächtigen, naturwüchsigen Moral.

Die dritte Reise Gullivers führt ihn ins Reich *Laputa* zu einer Gesellschaft von Wissenschaftlern und Gelehrten. Laputa ist eine über dem Festland schwebende, fliegende Insel, deren Bewohner sich so in die Wissenschaften vertieft haben, daß sie weder zu den einfachsten praktischen Verrichtungen noch zu zwischenmenschlichen Beziehungen fähig sind. Indem sie mit einem Auge nach innen und mit dem anderen zum Himmel blicken, entgeht ihnen der eigentlich menschliche Bereich, in dem die alltäglichen Bedürfnisse befriedigt werden müssen. Der König von Laputa hat über seiner intensiven Beschäftigung mit der Mathematik das Regieren vollständig vergessen. Die Felder liegen brach, und die Häuser verfallen, weil sich niemand mehr darum kümmert. Die Folge ist eine allgemeine Verwahrlosung. Immerhin funktioniert noch die Kontrolle über die Länder unterhalb Laputas, auf die die Kategorien des Guten und Bösen angewendet werden. Deren Bewohner verhalten sich gut, wenn sie die Laputaner mit dem Lebensnotwendigen versorgen. Verhalten sie sich jedoch unbotmäßig, vergelten die Laputaner Böses mit Bösem: Sie dirigieren ihre fliegende Insel einfach über das Gebiet der Aufständischen und schneiden es damit von Sonne und Regen ab, wodurch dem betroffenen Land Mißernten und Seuchen beschieden werden. Wenn auch das nichts nützt, läßt sich Laputa auf die jeweilige Region herab und zermalmt sie.

Was Swift an Laputa kritisiert, ist die absolute Forschungsgläubigkeit und der Wert des technischen Fortschritts. Der Mensch entfernt sich dadurch immer mehr von seiner moralischen und politischen Verantwortung, während gleichzeitig seine körperlichen Bedürfnisse verkümmern. Für nichtwissenschaftliche Diskussionen nimmt man sich nicht die erforderliche Zeit. Um den Prozeß der Konsensfindung im Parlament abzukürzen und Konfrontationen zwischen den Parteien zu vermeiden, trennt man den jeweiligen Kontrahenten die Hinterköpfe ab und tauscht sie gegeneinander aus. Auf diese Weise können sich die kontroversen Gehirnhälften erst einmal unter einem Schädeldach über das von ihnen als gut Favorisierte austauschen, bevor öffentlich darüber abgestimmt wird.

Gullivers vierte und letzte Reise verschlägt ihn in das Land der *Houyhnhnms,* das Reich der edlen Pferde, in welchem die Menschen, vertiert und verwildert, zum erbärmlichen Schmutzfinken herabgesunken sind und nur noch Sklavenarbeit verrichten. Als verachtete, stinkende Yahoos repräsentieren sie in ihrer ekelerregenden äußeren Erscheinung das Tierische, Irrationale, Unkontrollierbare, während die Houyhnhnms die fleischgewordenen Vernunft darstellen: denkende und sprechende Wesen, vollkommen von der Vernunft beherrscht und leidenschaftslos. Sie haben keine Laster und kennnen nichts Böses. Gulliver müht sich lange ab, um ihnen „das Ding, das es nicht gibt" zu erklären, denn ihnen fehlt das Wort für Lüge. Ebensowenig verstehen sie, was Gulliver mit Macht, Krieg, Gewalt, Liebe, Haß meint. Die Houyhnhnms haben keine Instinkte und keine Gefühle. Sie handeln aus schierer Vernunft und benötigen weder einen

Staat noch Gesetze, weil es nichts gibt, was die Vernunft nicht schon geregelt hätte.

Die Moral der vier Utopien besteht darin: Wird der Mensch wie in Lilliput als bloßes Sinnenwesen begriffen, das seine rationalen Fähigkeiten in den Dienst des Genusses stellt, so wird alles Menschliche lächerlich und klein. Gut und Böse bemessen sich nach dem Grad der sinnlichen Befriedigung, die durch List, Tücke und Intrigen erzielt wird. Auf der Stufe des Commonsense in Brobdingnag wird der Verstand der Sinnlichkeit nicht untergeordnet, sondern gleichberechtigt neben sie gestellt und dadurch ein Gleichgewicht zwischen beiden hergestellt. Aber der Commonsense trifft nur das Durchschnittliche; er ist kein besonders feines Instrument, sondern vergröbert das angestrebte Gute. Die Riesen sind aufgrund ihrer Tolpatschigkeit nicht in der Lage, ziel- und treffsicher zu handeln. Die wenigen Prinzipien des Guten und Bösen, die sie haben, ermöglichen im Sinne von Faustregeln eine Groborientierung, mit der sich immerhin auf der Basis von Gutmütigkeit ein konfliktarmes Leben führen läßt, insofern der Commonsense dem einzelnen nur das jedermann mögliche durchschnittliche Gute abverlangt. In Laputa hat der Verstand das Übergewicht über die Sinnlichkeit gewonnen – mit verheerenden Folgen sowohl für die natürlichen Bedürfnisse als auch für die Leidensfähigkeit anderer Menschen. Es wird nur noch Wissenschaft um der Wissenschaft willen betrieben, wobei die daraus resultierenden technischen Erfindungen bar jedes Praxisbezugs sind. Wird der reine Verstand, der kein Gut und Böse kennt, sondern sich nur für die Wahrheit von Erkenntnissen interessiert, verabsolutiert, so pervertiert der Mensch und wird zum Unmenschen. Die reine Vernunft schließlich, die in den Pferden Gestalt angenommen hat, scheint endlich die Antwort auf die Sinnfrage zu sein, die Gulliver bisher vergeblich gesucht hat. Auf den ersten Blick bietet die Gesellschaft der Houyhnhnms alles das, was er in den anderen drei Sozialordnungen vermißt hat: ein durch und durch perfektes Gemeinwesen, in dem alles konfliktfrei vonstatten geht – auf der Basis harmonischer Freundschaft und gegenseitigen

Wohlwollens. Höflichkeit und Anstand bestimmen die Formen distanzierten Miteinanderumgehens, die jeder selbstverständlich und mühelos praktiziert. Die Ehen werden in wechselseitiger Achtung geschlossen, und die Kindererziehung geschieht gänzlich unemotional nach reinen Vernunftprinzipien. Man tut das Gute von selbst, in Unkenntnis des Bösen, das mit der Ausschaltung des Begehrens durch die dominante Vernunft keine Alternative mehr darstellt. Gulliver fühlt sich zu den Houyhnhnms hingezogen, weil sie endlich das leben, was ihm dunkel als ein sinnvolles Dasein vorgeschwebt hat. Aber er findet trotzdem kein Glück in deren Lebensweise, denn ihm wird bewußt, daß sie übermenschliche Fähigkeiten verlangt, die er nicht besitzt. Um wie ein Houyhnhnm ganz und gar vernünftig leben zu können, muß man auf alles Sinnliche verzichten, und auch dann bleibt immer noch ein Moment des Yahoohaften, das zum Menschen unabdingbar, wenn auch nicht notwendig in der degenerierten Form, wie sie bei den Yahoos angetroffen wird, hinzugehört. Gulliver verzweifelt an seiner Unfähigkeit, das Gute zu erreichen. Ihm bleibt verborgen, daß auch die Gesellschaft der Houyhnhnms kritikbedürftig ist, deren statische Erhabenheit etwas Unmenschliches, den Menschen Zerstörendes hat. Auch die Verabsolutierung der reinen Vernunft fordert ihre Opfer. Die Houyhnhnms können nur deshalb so vollkommen über den Dingen stehend existieren, weil sie alle ihre Leidenschaften und sinnlichen Bedürfnisse abgetötet und diese gleichsam auf die Yahoos übertragen haben, die – vernunftlos noch unterhalb der Lebensform der Lilliputaner, ja selbst unterhalb des instinktgeleiteten Verhaltens der Tiere rangierend – verwildert und verwahrlost der ungezügelten, hemmungslosen Begierde ihren Lauf lassen. Was das Vorstellungsvermögen der Houyhnhnms übersteigt – und das ist alles, was der reinen Vernunft nicht zugänglich ist –, das betrachten sie als wertlos. Ihre Überlegungen, ob sie nicht die Yahoos, deren Gestank ihnen immer unerträglicher wird, vernichten sollen, zeigt, daß ihre Vollkommenheit sich mit Selbstgerechtigkeit und Intoleranz gegenüber allem paart, was ihrem Maßstab nicht entspricht.

Die vier von Swift utopisch geschilderten Fehlformen einer sozialen Gemeinschaft gehören zusammen und führen die fatalen Folgen einer Fragmentarisierung des Menschlichen, damit verbunden die Unmenschlichkeit einer einseitig an den Prinzipien der Sinnlichkeit, des Commonsense, des Verstandes oder der Vernunft orientierten Lebensform, eindrücklich vor Augen. In dieser Fragmentarisierung liegen die Ursprünge des Bösen, insofern sie ein ganzheitliches Menschenbild, in dem die menschlichen Vermögen als gleichwertig anerkannt sind, verhindert. Das Individuum wird so zum Schlachtfeld, auf dem der Kampf der Prinzipien um die Vorherrschaft tobt. Ganz gleich, welches dieser Prinzipien – Genuß, Durchschnittsnutzen, rationaler Kalkül, reine Gerechtigkeit – am Ende den Sieg davonträgt und damit sich als Instanz des Guten und Bösen inthronisiert, der Sieg ist errungen mittels Vertreibung, Unterdrückung oder Vernichtung der Gegner, wodurch wesentliche Bedingungen des Menschseins negiert werden. Da die Unterlegenen sich immer wieder erheben, um ihre berechtigten Ansprüche von neuem geltend zu machen, führt ein Individuum, dem es nicht gelingt, die sein existentielles Selbstsein ausmachenden Bestrebungen zu befrieden und sich ganzheitlich zu verwirklichen, zeit seines Lebens Krieg gegen sich selbst, und diesen Krieg trägt es von seinem inneren Schauplatz auch nach außen, wo es in anderen Individuen, in der Gesellschaft und in der außermenschlichen Natur das bekämpft, was es in sich selbst als vernichtenswert deklariert. Hier liegt der Ursprung aller Feindbilder: Es ist der Feind in mir selbst, dem ich den Krieg erkläre. Indem ich mein Böses in ein mir äußerliches Bild fasse und dieses auf anderes projiziere, das ich dann mit allen Mitteln bekämpfe, reinige ich mich selbst von allem Bösen und behalte für mich selbst und mein Tun das vermeintlich Gute übrig.

...wenn es dem bösen Nachbarn nicht gefällt

Wir haben das Problem des Guten und Bösen von verschiedenen Seiten einzukreisen versucht, es aus alltagssprachlichen, naturwissenschaftlichen und geisteswissenschaftlichen Perspektiven analysiert und dabei aufschlußreiche Auskünfte erhalten. Aber das Problem hat keine bündige Lösung gefunden; Gut und Böse bleiben letztlich ein Rätsel. Vielleicht verhält es sich mit diesem Problem ähnlich wie mit dem Problem der Zeit, von welcher Augustinus sagte, wenn niemand ihn danach fragte, wüßte er, was die Zeit ist; sobald er jedoch erklären müßte, was Zeit ist, wüßte er es nicht (*Bekenntnisse:* 314). So haben wir immer schon ein intuitives Verständnis von Gut und Böse, wenn wir handeln. Wir wissen, daß wir niemanden absichtlich verletzen, anderen nicht mutwillig Schaden zufügen dürfen, uns jederzeit anständig verhalten und allem voran die individuellen Freiheitsrechte achten sollen. Wir wissen dies auch und gerade dann, wenn wir gegen die moralischen Spielregeln verstoßen, denn im „Gewissen" meldet sich ein Unrechtsbewußtsein, das uns daran erinnert, daß wir die Pfade des Guten verlassen und uns schuldig gemacht haben. Erst wenn wir jemanden antreffen, der offenkundig ohne jedes Anzeichen von Schuld Handlungen begeht, die wir als schlecht, in schlimmen Fällen als böse zu beurteilen gewöhnt sind, stellt sich uns die Frage, was wir mit Gut und Böse eigentlich meinen. Denn nun sind wir genötigt, unsere moralischen Urteile zu begründen, wenn moralische Sanktionen und Strafen nicht bloße Willkürakte sein sollen, sondern Anspruch auf Legitimität erheben und auch gegenüber den Beschuldigten gerechtfertigt werden müssen.

Die Normen und Gesetze, die in kodifizierter Form in Moral und Recht zusammengefaßt sind, geben Auskunft darüber, welche Handlungsmuster in einer Interaktionsgemeinschaft als ausgezeichnete Formen von Praxis gelten und welche als unmoralisch bzw. rechtswidrig untersagt werden. Sie beruhen auf Vereinbarung, da das nicht festgestellte Tier namens Mensch in Ermangelung eines Instinkts als Orientierungssinn sein Wesen mittels selbst gesetzter Verhaltensregeln fixieren muß, um zu überleben und möglichst gut zu leben: Ziele, die er allein nicht zu erreichen vermag, sondern nur im Kollektiv. Normen und Gesetze legen fest, was wir dem Kollektiv dafür schulden, daß es unser Überleben und Wohlergehen sichert, wobei eine freiheitliche Verfassung darüber wacht, daß die vereinbarten Regeln jederzeit revidierbar sind, wenn sie individuelle Freiheiten gefährden oder unzulässig restringieren.

Wenn es also im wohlverstandenen Interesse des einzelnen liegt, das Seine zum Erhalt der Gemeinschaft beizutragen, was hindert ihn daran, es auch wirklich zu tun? Was frustriert ihn am Guten, und was befriedigt am Bösen? Das Rätsel Mensch spitzt sich letztlich auf die Frage nach dem Bösen zu: Weshalb tun Menschen, was sie nicht sollen, obwohl sie wissen, daß sie damit das Gute und sich selbst verfehlen? Warum läßt Dorian Gray nicht von seinem ausschweifenden und verbrecherischen Leben ab, dessen mörderische Spuren er doch tagtäglich auf dem Gemälde beobachten kann, das an seiner Stelle altert? (Oscar Wilde: *Das Bildnis des Dorian Gray,* 1891). Was bewegt den angesehenen Arzt Dr. Jekyll dazu, sich nachts in ein Ungeheuer zu verwandeln und als Mr. Hyde sein schreckliches Unwesen zu treiben? (Robert Louis Stevenson: *Der seltsame Fall des Dr. Jekyll und Mr. Hyde,* 1866). Ist es die Sehnsucht nach Unsterblichkeit, die denjenigen, der nicht an ein Leben nach dem Tod glaubt, zu der Annahme verführt, er müsse ersatzweise das Leben in seiner vollen Breite auskosten, und zur Ausweitung der Identität gehöre auch die Erfahrung der äußersten Gegensätzlichkeit? Das Gute soll dem Leben einen Sinn geben und dadurch seine Kontingenz erträglich machen. Aber auch das Böse ist eine Form der Kontingenzbewältigung, insofern es einen verbotenen Genuß verschafft, den die betreffende Person ganz allein ihren eigenen, das in den allgemeinen Regeln festgehaltene Normalmaß sprengenden Fähigkeiten verdankt. Es gibt so etwas wie eine Autonomie im Bösen, die es dem Verbrecher erlaubt, sich als Herr der Welt zu fühlen, da seine Lust an Grausamkeit, an Vernichtung mit dem Abstand zum Guten wächst und er durch Steigerung dieser Spannung sein Selbstwertgefühl zu potenzieren vermag.

Es hat sich gezeigt, daß die verschiedenen Anläufe zur Erklärung der Herkunft des Bösen immer dort an einen toten Punkt geraten, wo das Prinzip der Freiheit zur Disposition steht. Entweder ist der Mensch genetisch determiniert – dann muß die Rede von Gut und Böse fallen gelassen werden, weil niemand verantwortlich ist für sein Tun. Oder der Mensch ist frei – dann ist es unerklärlich, warum er sich trotz Einsicht in das Gute grundsätzlich oder gelegentlich für das Böse entscheidet. Das Rätsel Mensch entzieht sich wissenschaftlichen Lösungen. Und doch sind diese Lösungsvorschläge nicht überflüssig, denn sie führen in das Rätsel hinein. Sie nötigen zum Überdenken der eigenen Sinnansprüche im Kontext einer global vernetzten Welt, die mehr denn je in ihrem Bestand gefährdet ist. Wenn dort der Teufel im Detail steckt, kann er zweifellos den Untergang des Ganzen bewirken.

M. C. Escher: „Die Befreiung"

Epilog

Eine Lösung des Rätsels Mensch mit künstlerischen Mitteln hat Maurits Cornelis Escher in seiner Lithographie „Die Befreiung" (1955) versucht. Wenn man sich an die ursprüngliche Bedeutung von *evolutio* erinnert, nämlich: Auswicklung einer Pergamentrolle, um die Schrift lesbar zu machen, dann illustriert dieses Bild auf anschauliche Weise den Weg zurück zu den Ursprüngen des Lebendigen. Der Anfang der Entwicklung liegt im dunkeln, da die Rolle nicht vollständig ausgewickelt ist. So entzieht sich der Ausgangspunkt des Ganzen dem Blick. Der Rückschluß von dem, was als allererstes sichtbar wird, auf das verborgene Unsichtbare erlaubt nur die Annahme einer undurchdringlichen Schwärze. Liest man das Bild von unten nach oben, so fallen vor allem zwei Aspekte ins Auge: Zum einen grenzen sich Schwarz und Weiß im Verlauf der Ausdifferenzierung des anfänglichen diffusen Grau immer stärker gegeneinander ab. Dabei verlagert sich der Kontrast zwischen den komplementären Figuren mehr und mehr in diese selber: Die schwarzen Vögel bilden weiße Merkmale aus, die weißen schwarze. Zum anderen geht mit der zunehmenden Kontrastierung eine Veränderung der Formen Hand in Hand: Aus anfänglicher Gleichförmigkeit entwickeln sich immer verschiedenere Gestalten, bis am Ende lauter Individuen vorhanden sind. Zwischen dem mittleren und dem oberen Drittel des Bildes ist deutlich eine Lücke und damit die Zäsur erkennbar, wo die Ablösung der kulturellen von der biologischen Evolution beginnt. Die frei gewordenen Vögel sind nicht mehr entsprechend ihrer genetischen Determination überwiegend weiß oder schwarz, sondern beides. Die Individuen wissen durch den Gebrauch ihrer Freiheit um Gut und Böse als ethische Bedingungen selbstbestimmten Handelns. Und so tragen sie das ambivalente Merkmal ihrer Freiheit an sich.

Literaturverzeichnis

Zitierte Autoren

Aristoteles: Politik, Hamburg 1981

Augustinus, A.: Bekenntnisse, Stuttgart 1993

Austin, J.L.: Zur Theorie der Sprechakte, Stuttgart 1972

Ayer, A.J.: Sprache, Wahrheit und Logik, Stuttgart 1970

Bernhart, J.: Das Böse, in: Handbuch theologischer Grundbegriffe, 4 Bde., hg. v. H. Fries, München 1962, Bd. 1, 213–226

Bacon, F.: Neu-Atlantis, in: Der utopische Staat, hg. v. K.J. Heinisch, Reinbek 1960, 171–215

Campanella, T.: Sonnenstaat, in: Der utopische Staat, hg. v. K.J. Heinisch, Reinbek 1960, 111–169

Camus, A.: Die Gerechten, Dramen, Reinbek 1962, 187–234

Dawkins, R.: Das egoistische Gen, Berlin 1978

Descartes, R.: Meditationen über die Grundlagen der Philosophie, Hamburg 1959

Freud, S.: Neue Folge der Vorlesung zur Einführung in die Psychoanalyse, in: Gesammelte Werke, 18 Bde., Frankfurt am Main 1944, Bd. XV

–: Totem und Tabu, Frankfurt am Main 1956

–: Das Unbehagen in der Kultur. Abriß der Psychoanalyse, Frankfurt am Main 1953

Fromm, E.: Psychoanalyse und Ethik, Frankfurt am Main 1978

Hare, R.M.: Die Sprache der Moral, Frankfurt am Main 1972

Huxley, A.: Schöne neue Welt, Frankfurt am Main 1978

Jonas, H.: Das Prinzip Verantwortung. Versuch einer Ethik für die technologische Zivilisation, Frankfurt am Main 1979

–: Der Gottesbegriff nach Auschwitz. Eine jüdische Stimme, Frankfurt am Main 1987

Kant, I.: Über das radikale Böse in der menschlichen Natur, in: Die Religion innerhalb der Grenzen der bloßen Vernunft, Hamburg 1956, 17–59

–: Grundlegung zur Metaphysik der Sitten, Stuttgart 1963

Katechismus der Katholischen Kirche, München 1993

Kierkegaard, S.: Entweder-Oder, 2 Bde., Düsseldorf 1964–67

–: Der Begriff Angst, Düsseldorf 1965

Lactantius, L.: Vom Zorne Gottes, München 1974

Leibniz, G.W.: Die Theodizee. Von der Güte Gottes, der Freiheit des Menschen und dem Ursprung des Übels, Philosophische Schriften, Bd. 2, Darmstadt 1985

Lorenz, K.: die Rückseite des Spiegels. Versuch einer Naturgeschichte menschlichen Erkennens, München 1973

–: Das sogenannte Böse. Zur Naturgeschichte der Aggression, München 1983

Marcuse, H.: Versuch über die Befreiung, Frankfurt am Main 1969

–: Triebstruktur und Gesellschaft. Ein philosophischer Beitrag zu Sigmund Freud, Frankfurt am Main 1970

–: (zus. mit R.P. Wolff/B. Moore): Kritik der reinen Toleranz, Frankfurt am Main 1970

Mohr, H.: Natur und Moral. Ethik in der Biologie, Darmstadt 1987

Moore, G.E.: Principia ethica, Stuttgart 1970

Morus, T.: Utopia, in: Der utopische Staat, hg. v. K.J. Heinisch, Reinbek 1960, 7–110

Nietzsche, F.: Sämtliche Werke. Kritische Studienausgabe, 14 Bde., Berlin 1980; Zur Genealogie der Moral: Bd. 5; Die Fröhliche Wissenschaft: Bd. 3; Jenseits von Gut und Böse: Bd. 5; Also sprach Zarathustra: Bd. 4

Plack, A.: Die Gesellschaft und das Böse. Eine Kritik der herrschenden Moral, Frankfurt am Main 1977

Platon: Sämtliche Werke, 6 Bde., Hamburg 1958–60; Phaidros: Bd. 4; Politeia: Bd. 3

Plotin: Enneaden, Schriften, übers. v. R. Harder, 6 Bde., Hamburg 1956

Ross, W.D.: The Right and the Good, Oxford 1930

Ruse, M.: Noch einmal: Die Ethik der Evolution, in: Evolution und Ethik, hg. v. K. Bayertz, Stuttgart 1993, 153–167

Samjatin, J.: Wir, Köln 1984

Schelling, F.W.J.: Über das Wesen der menschlichen Freiheit, Stuttgart 1983

Schiwy, G.: Abschied vom allmächtigen Gott, München 1995

Schulz, W.: Philosophie in der veränderten Welt, Pfullingen 1972

Searle, J.R.: Sprechakte. Ein sprachphilosophischer Essay, Frankfurt am Main 1969

Skinner, B.F.: Futurum Zwei. „Walden two". Die Vision einer aggressionsfreien Gesellschaft, Reinbek 1982

Spinoza, B. de: Ethik nach geometrischer Methode dargestellt, Hamburg 1955

Stevenson, C.L.: Ethics and Language, New Haven/London 1968

Stevenson, R.L.: Der seltsame Fall des Dr. Jekyll und Mr. Hyde, Berlin 1968

Swift, J.: Gullivers Reisen, Frankfurt am Main 1974

Vogel, Ch.: Gibt es eine natürliche Moral? Oder: wie widernatürlich ist unsere Ethik?, in: Die Herausforderung der Evolutionsbiologie, hg. v. H. Meier, München 1988, 193–219

Wilde, O.: Das Bildnis des Dorian Gray, Berlin/München 1967

Wright, R.: Diesseits von Gut und Böse. Die biologischen Grundlagen unserer Ethik, München 1994

Wuketits, F.: Gene, Kultur und Moral. Soziobiologie Pro und Contra, Darmstadt 1990

–: Verdammt zur Unmoral? Zur Naturgeschichte von Gut und Böse, München 1993

Ergänzende Literatur

Colpe, C./Schmidt-Biggemann, W. (Hg.): Das Böse. Eine historische Phänomenologie des Unerklärlichen, Frankfurt am Main 1993

Holzhey, H./Leyvraz, J.-P. (Hg.): Die Philosophie und das Böse, studia philosophica 52, Bern 1993

Keen, S.: Gesichter des Bösen. Über die Entstehung unserer Feindbilder, München 1993

Martens, E.: Zwischen Gut und Böse. Elementare Fragen angewandter Philosophie, Stuttgart 1997

Pieper, A.: Das Gute, in: Philosophie. Ein Grundkurs, hg. v. E. Martens/ H. Schnädelbach, 2 Bde. Reinbek 1991, Bd. 1, 262–305

Riedinger, M.: Das Wort ‚gut' in der angelsächsischen Metaethik, Freiburg/München 1984

Safranski, R.: Das Böse oder Das Drama der Freiheit, München / Wien 1997

Schulte, C.: radikal böse. Die Karriere des Bösen von Kant bis Nietzsche, München 1988

Schuller, A./Rahden, W. von (Hg.): Die andere Kraft. Zur Renaissance des Bösen, Berlin 1993

Register

Personenregister

Sachregister